W0063162

Duve · Vom Krieg in der Seele

Freimut Duve

Vom Krieg in der Seele

Rücksichten eines Deutschen

 Eichborn.

Gewidmet ist dieses Buch Menschen, die sich
»dazwischen« fühlen,
weil andere sie zu »Mischlingen« erklären,
immer waren sie die Zukunft.
Der Text wäre ohne die strapazierte Geduld meiner Frau,
ohne die kritische Lektüre Gisela Müllers,
die freundliche Gelassenheit ihrer Kollegin Godula Faupel
und ohne den erbarmungslos freundlichen Blick
meines Lektors Albert Sellner nicht entstanden.
Allen Dank.

Die Deutsche Bibliothek – CIP-Einheitsaufnahme

Duve, Freimut:
Vom Krieg in der Seele : Rücksichten eines Deutschen /
Freimut Duve. – Frankfurt am Main : Eichborn, 1994
    ISBN 3-8218-0433-5

© Vito von Eichborn GmbH & Co. Verlag KG, Frankfurt am Main,
August 1994
Umschlaggestaltung: Rüdiger Morgenweck
Satz: Fuldaer Verlagsanstalt
Druck und Bindung: Wiener Verlag, Himberg
ISBN 3-8218-0433-5
Verlagsverzeichnis schickt gern:
Eichborn Verlag, Kaiserstraße 66, D-60329 Frankfurt am Main

Inhalt

Absicht

Ort der Erinnerung. Regen. Heftiger Wind. Im Flugzeug sechs Passagiere. Der junge Mann in der Reihe vor mir liest Krockows »Die Deutschen und ihr Jahrhundert«. Flug von Hamburg nach Berlin. Volkstrauertag. 14. November 1993.

Eine dänische Stewardess bringt Kaffee. Wir landen auf dem Tempelhof. Gutes Wort für diesen Tag. Ich will teilnehmen an der Feierstunde zur Öffnung der *Neuen Wache.* »Ihr seid besessen von eurer Vergangenheit«, hatte mir eine italienische Historikerin gesagt, »wann denkt ihr eigentlich über eure Zukunft nach?« Jetzt fahre ich zum Reichstag, zur Feierstunde des Volksbundes, dann zur Neuen Wache.

Warum habe ich keine Ausrede, zu Hause zu bleiben? Warum will ich dabeisein? Wo viele Freunde – manche empört – fernbleiben? Wir dürfen Täter und Opfer nicht gemeinsam ehren! Aber ehren wir Täter, wenn wir hier stehen? Dies ist die Geschichte einer Diskus-

7

sion im deutschen Parlament, einer öffentlichen Auseinandersetzung seit 1985. Das ist aber auch die innere Geschichte meiner Generation.

Ich stehe auf der kleinen Tribüne vor der Neuen Wache. Der Wind treibt den Regen. Leute vom Protokoll versuchen immer wieder, mitten im Regen, die Stühle trockenzuwischen. Es regnet weiter. Zwei Reihen vor mir Ignatz Bubis, neben mir Ernst Cramer, Springers Generalbevollmächtigter. Ich hatte ihn auf einer Tagung in New York kennengelernt, als liberalen Konservativen, der mich als Person anders beeindruckt als seine Artikel. Ich halte den Schirm für uns zwei, so werden wir nicht naß. Er kennt meinen ersten Protest und unsere Argumente gegen die Planung des Kanzlers. Und er hat den Text für die Tafel an der Gedenkstätte gelesen, den wir schließlich nach Gesprächen mit dem Kanzleramt durchgesetzt haben. So stehen wir zwei in der vierten Reihe im Regen: Der Konservative und enge Freund Axel Springers und der Linke, frühere rororo-aktuell-Herausgeber, der 1968 dem Springer Konzern vorgeworfen hatte, mitschuldig am Anfangserfolg der NPD gewesen zu sein, und 1992 der *Bildzeitung*, seit Jahren durch Schlag-Zeilen am Ausländerhaß. Gemeinsam mit dem Vorsitzenden des Zentralrats der Juden.

Wir hatten in den Wochen zuvor immer wieder mit ihm über diese schwierige Veranstaltung gesprochen. Ist es wirklich eine Neue »Wache« für die Zivilität der Deutschen? Die Teilnahme von Ignatz Bubis ist mehr als ein symbolischer Ausdruck. Sie sprengt den simplen Gegensatz von *Opfer und Täter*. Die Deutschen bekennen sich zu den barbarischen Verbrechen ihrer eigenen Geschichte, und ein wirkliches Opfer, der Jude Ignatz Bubis, reiht sich als Deutscher in dieses Gedenken ein. Sein Dabeisein ist ein weiterer Schritt aus der Wahnwelt der Homogenität, weg vom Zwang, sich als Abstammungsdeutsche zu empfinden, von

8

dem sich die Bürger Deutschlands endlich befreien müssen.

Die gelbe Plane des Berliner Plastikschlosses flattert im Sturm und im Regen. Die Farce der Restauration im Zeitalter der Videothek: ein Schloß als Plastikwand. Aber sie ist schon verblaßt und weit weg.

Ein Jahr zuvor, im Herbst 1992, hatte ich wenige Meter von hier gestanden. Wir wollten, wie es in dem Aufruf hieß, »ein Zeichen setzen« gegen die Beifallklatscher von Rostock. Deutschland darf kein Brandort werden. Damals, noch vor Mölln und Solingen, hatte Bundespräsident Richard von Weizsäcker kaum sprechen können. Sprechchöre und Eierwerfer chaotisierten die Veranstaltung. Der Moment der Gemeinsamkeit wurde zerrissen vom Schrei nach eindeutiger Wahrhaftigkeit: Engholm, Kohl und Weizsäcker hätten kein Recht, um den Terror von Hoyerswerda und Rostock zu trauern, denn sie bereiteten ja die Reform des Asylrechts vor. Die Plakate gegen die Änderung des Artikels 16 beherrschten den Platz, und es siegten die lauten Stimmen gegen diesen kleinen kurzen Augenblick der Gemeinsamkeit. Die Kabel zu den Lautsprechern wurden gekappt. Was die Präsidentin des Abgeordnetenhauses, Hanna-Renate Laurien, für den 8. November 1992 organisiert hatte und wogegen es auch heimliche Opponenten im Berliner Senat, bei der Berliner Polizei und auf der politischen Rechten gab, der gemeinsame Protest der Deutschen gegen Ausländerhaß, er ging unter im Schrei eines Zorns, den ich als Selbstgerechtigkeit empfand. Ein unheimliches Bündnis wurde erkennbar. Es hat die deutsche Demokratie oft begleitet: In entscheidenden Momenten verbünden sich *Feinde*, weil ihnen der demokratische Begriff des *Gegners* nicht ausreicht. Gegner müssen zusammen trauern können. Feinde können gemeinsam nur zerstören. Diesmal sind die »Linden« abgesperrt. Hinter der Pressetribüne stehen etwa zweihundert Demonstranten.

Jetzt ist der Text in Bronze vor der Wache angebracht worden. Eher klein. In der äußeren Form eher erläuternd als mahnend.

»Die Neue Wache ist der Ort der Erinnerung und des Gedenkens
an die Opfer von Krieg und Gewaltherrschaft.
Wir gedenken der Völker, die durch Krieg gelitten haben.
Wir gedenken ihrer Bürger, die verfolgt wurden und ihr Leben verloren.
Wir gedenken der Gefallenen der Weltkriege.
Wir gedenken der Unschuldigen, die durch Krieg und Folgen des Krieges in der
Heimat, die in Gefangenschaft und bei der Vertreibung ums Leben gekommen sind.

Wir gedenken der Millionen ermordeter Juden.
Wir gedenken der ermordeten Sinti und Roma.
Wir gedenken aller, die umgebracht wurden wegen ihrer Abstammung, ihrer
Homosexualität oder wegen Krankheit und Schwäche.
Wir gedenken aller Ermordeten, deren Recht auf Leben geleugnet wurde.
Wir gedenken der Menschen, die sterben mußten um ihrer religiösen oder
politischen Überzeugung willen.
Wir gedenken aller, die Opfer der Gewaltherrschaft wurden und unschuldig den Tod
fanden.
Wir gedenken der Frauen und Männer, die im Widerstand gegen die Gewaltherrschaft ihr Leben opferten.
Wir ehren alle, die eher den Tod hinnahmen, als ihr Gewissen zu beugen.

Wir gedenken der Frauen und Männer, die verfolgt und ermordet wurden, weil sie
sich totalitärer Diktatur nach 1945 widersetzt
haben.«

Wort um Wort, Satz um Satz hat eine Vorgeschichte.
Unsere Geschichte. Diese Worte sollten – wäre es nach
meinen Freunden und mir gegangen, innerhalb des Rau-
mes angebracht werden. Eine schmerzende Wunde
bleibt. Nur mit der Drohung von Ignatz Bubis und der
SPD-Fraktion, nicht an der Feier teilzunehmen, gelang
es, diese Formulierungen durchzusetzen und am Mahnmal anzubringen. Es hat eine lange Geschichte. Wenn
protokollarisches Gedenken in der Bonner Republik an-
gesagt war, dann gingen die Staatsgäste zum Bonner
Nordfriedhof und legten einen Kranz nieder vor der In-
schrift: »Den Opfern von Krieg und Gewaltherrschaft«.
Sein Anfang der achtziger Jahre wurde darüber nachgedacht, in Bonn, im Rheintal, eine »zentrale Gedenkstätte« der Deutschen zu errichten.

Der Deutsche Architektenbund hatte 1985 auf Initiative seiner Geschäftsführerin Ingeborg Flagge eine kritische Tagung zu dem Vorhaben veranstaltet. Mein Kollege Peter Conradi und ich, kulturpolitischer Sprecher
meiner Fraktion, führten eine öffentliche Anhörung zu
diesem Thema durch.

Es wurde eine der eindrucksvollsten Diskussionen
meiner parlamentarischen Arbeit. Sie fand statt am 3.
Juli 1985[1], wenige Wochen nach der großen Rede des
Bundespräsidenten zur deutschen Schuld und zu den
Opfern des deutschen Terrors – kurz nach der großen
Peinlichkeit, die den Namen des kleinen Städtchens Bit-
burg beschädigte. »Wir können nicht Kain und Abel

---

1 Protokoll der Anhörung der SPD-Bundestagsfraktion zum Mahnmal
für die Opfer von Krieg und Gewaltherrschaft in Bonn, Hg. von Freimut Duve, Bonn 1985

gemeinsam ehren.« Warnte ein Teilnehmer. Aber heißt »Opfer von Krieg und Gewaltherrschaft« in jedem Fall Opfer und Täter? Wer wäre denn künftig Erbe der Täter, wer der Opfer? Sind Ort und der Moment des gemeinsamen Gedenkens nicht immer wieder Chance zur Heilung und Ausdruck der zivilen Gesellschaft, die auf der Verfassung beruht und nicht auf der Zuordnung nach Gruppen?

Kann jetzt diese Feier Ausdruck sein des zivilen Selbstverständnisses der modernen Deutschen? Ich habe viel Kritik einstecken müssen von Freunden, die meine Teilnahme falsch fanden. Ich antworte mit der Frage: Was würde Europa darum geben, in naher oder ferner Zukunft bosnische Muslime, bosnische Kroaten und bosnische Serben gemeinsam versammelt zu sehen, an einem Ort des Gedenkens, und sei es nur für den einen Moment, der den Frieden und nicht den Krieg signalisiert, die Kultur des Zusammenlebens und nicht neue Apartheid von Haus zu Haus, von Dorf zu Dorf? Solche Hoffnung ist das Thema dieses Buches.

Die Geschichte der Deutschen in diesem Jahrhundert. Auch meine Geschichte. Die Geschichte eines in den Bundestag seit 14 Jahren, seit vier Wahlperioden gewählten Abgeordneten.

Wer oder was sind Politiker? Eines Morgens höre ich im ARD Frühstücksfernsehen, Politiker seien typische Lügner. Es war spaßig gemeint. Ich schreibe der Moderatorin. Denn nicht nur ich habe das gehört und gesehen, sondern viele Millionen Menschen in meinem Land. Um diese Wirkung zu erzeugen, »Politiker lügen«, hätte in der Weimarer Republik der rechte Pressemagnat Alfred Hugenberg viele Millionen Zeitungen verkaufen müssen. Sie schreibt zurück, auch sie halte die Demokratie für wichtig – aber schließlich sei der Berufsstand der Politiker nicht sakrosankt und es gäbe auch Fälle, wo Politiker nachweislich gelogen hätten.

Immer häufiger werde ich angesprochen auf mein Einkommen. Ich antworte, daß ich das Gehalt für angemessen halte, daß ich glaube, es entspricht meiner Leistung, meinem Arbeitsaufwand. Das neue Wort »Preis-Leistungs-Verhältnis« läßt sich schwer auf den Beruf des Politikers anwenden. Ich sage auch, daß ich einige Menschen kenne, die mehr verdienen als ich, aber noch viel mehr Menschen mit viel geringerem Einkommen.

Politiker leben in und von der Öffentlichkeit. Sie ist wesentlich für ihren Beruf. Verzichten sie auf Öffentlichkeit, sind sie »weg vom Fenster« – eine alte Formulierung. (Wenn alte Menschen sich nicht mehr aus dem Fenster lehnen und so nicht mehr in die Welt schauen können, verschwinden sie hinter den Gardinen.)

In die Politik bin ich hineingeraten. Ideell eher früh, professionell eher spät. Viel war Zufall, wenig war bewußte Entscheidung. Seine phantasielose Banalität macht den Zufall zum Stiefkind der Biographie.

Gibt es eine Kulturgeschichte des Zufälligen? Eine ganze Schule der Philosophie befaßt sich damit, mit der Kontingenz. (Mir scheint Lebenskultur jene bewußte Form zu sein, in die wir die Zufälle unserer Existenz bringen. Lebensverwahrlosung hingegen die unbewußte Selbstunterwerfung unter die Zufälle.) Leider wird Kulturgeschichte oft mit der tödlichen Schere betrieben, oft wird abgeschnitten, was Begegnung, was Zufall war.

Die Waldorfschule, auf die mich meine Mutter 1946 schickte, als diese nach dem Verbot durch die Nationalsozialisten wieder geöffnet wurde, gab sich Mühe, Politik möglichst herauszuhalten. Es ging um moralisch-soziale Bildung der Gruppe und um geistig-körperliche Bildung des einzelnen. Es ging nie um Politik. So war es selbstverständlich, daß wir 1946 gemeinsam für die halbzerstörte Schule den Mörtel von den Trümmersteinen abklopften. Daraus hat kein Lehrer ein politisches

Credo gemacht. So war es selbstverständlich, daß in den ersten Waldorfklassen in Hamburg auch »geistig behinderte« Schüler zu unserer Klasse gehörten – bis die besonderen anthroposophischen Einrichtungen für Behinderte wieder arbeiten konnten. Nie ist daraus eine politische Belehrung gemacht worden, etwa über das Vernichtungsprogramm der Nazis gegen Behinderte.

Nach dem Abitur 1956 hatte niemand in unserer Klasse Interesse an Politik. Auch ich nicht. Nach Auschwitz ging es, so empfand der 19jährige, um geistige und um religiöse Fragen. Die Würde des Menschen suchten wir weit eher in der Religions- oder Kulturgeschichte als in der Politik.

Es gibt in Deutschland einige Tausend Parlamentarier. Vielleicht anderthalb Millionen Mitglieder von politischen Parteien. Rot, grün, gelb, schwarz und neuerdings auch wieder braun. Beide Gruppen, die Parlamentsmitglieder wie die Parteimitglieder, werden mehr und mehr als eine Art Kaste wahrgenommen. Ich denke, das ist falsch.

Was sind Politiker in Deutschland? Ich möchte die Antwort persönlich geben, subjektiv, meine Geschichte erzählen und meine Geschichten. Das hat den Titel bestimmt. Meine Arbeit im Parlament ist da spannend, wo wir unterschiedlich geprägt, nach Diskussionen zu gemeinsamen Entscheidungen kommen; sie ist da langweilig und lähmend, wo die jeweils linke oder weniger linke, die rechte oder weniger rechte Position a priori wie eine Art objektiv nachweisbarer Blutgruppentest begriffen wird, bevor die Diskussion eröffnet wird. Das betrifft auch die Diskussionen innerhalb meiner Partei. Gegner können persönliche Freunde sein oder Leute, die einander nicht ausstehen können. Eines dürfen sie nie werden: politische Feinde. Wer den Feindbegriff ins Parlament bringt, beschädigt das Parlament, um es zu zerstören. Wir reden miteinander, sind Parlamentarier, keine Gladiatoren, die den Auftrag haben, sich umzubringen.

Krieg   Als ich im März 1993 nach langer Autofahrt
über bosnische Waldwege durch zerschossene Dörfer in
der ostbosnischen Stadt Tuzla ankomme, sage ich zum
Bürgermeister:
Auf dieser Reise habe ich gemerkt, wie sehr ich vergessen habe, daß auch mein Leben in vielen Momenten
vom Krieg geprägt wurde. Als ich zwölf Monate später
die inzwischen völlig zerstörte Altstadt Mostars besuche, starren mich die toten Fensteraugen der zerstörten
Häuser an wie in Hamburg 1943.

Der vorliegende Text kreist immer wieder um Fragen,
die der französische Schriftsteller und Philosoph Albert
Camus in den 50er Jahren gestellt hat. Er untersuchte
die Ideologien der Revolte, den Terror und Gegenterror
des Algerienkrieges. Sein Essay *L'homme revolté*[2] wurde
von den eigenen Freunden, von den linken intellektuellen Meinungsführern, in Sartres Zeitschrift *Temps Mo-
dernes* höhnisch dem allgemeinen Spott preisgegeben.
Die Kränkung Camus' über die Art dieses Angriffs
rührte nicht zuletzt aus einem bösartigen Wortspiel:
Der Kritiker Francis Jeanson, den Sartre ermutigt hatte,
die vernichtende Besprechung zu schreiben, hatte aus
dem Titel *L'homme revolté* »*l'ame revolté d' Albert Camus*« gemacht. Nicht der »*Mensch in der Revolte*«, sondern die arme »*revoltierende Seele des Albert Camus*«
mußte kritisiert, hingerichtet und zum Schluß seziert
werden.[3] Jedermann in der Linken der fünfziger Jahre
wußte, um die *Seele* durfte es in intellektuellen Auseinandersetzungen bei Strafe der literarischen Hinrichtung
nie gehen. Freie Gehirne messen einander, streiten miteinander. Prägungen ihrer Kindheit, Verletzungen ihrer
Jugend spielen keine Rolle, gehen niemanden etwas an,
allenfalls den Seelendoktor. Die kalte Bosheit, mit der
Sartre den ehemaligen Freund wenig später zurecht-

2 Deutsch: *Der Mensch in der Revolte* bei Rowohlt
3 in: Jean Paul Sartre, *Krieg im Frieden,* 2, rororo 1982, S. 7 ff

weist, enthält eine Fülle von persönlichen Anwürfen auf das Leben des Albert Camus, der aus einem Arbeiterviertel Algiers stammt. In der Olympiade des französischen Geistes hatte Camus nach Meinung Sartres versagt. Sinngemäß fordert er darum seinen ehemaligen Freund auf, doch die Ursache für die Auseinandersetzung in seiner eigenen intellektuellen Unzulänglichkeit zu suchen. Ein bißchen Spott über die kleinbürgerliche Herkunft aus dem französischen Algerien wird gleich mitgeliefert.

Camus hatte mit seiner Erwiderung ganz und gar falsch auf diese Kritik reagiert: »Camus war getroffen, und das war in jeder dieser Zeilen an Sartre spürbar; vielleicht ist das seine größte Schwäche gewesen, seine offene Wunde, seinen verletzten Narzismus so offen zu zeigen.«[4]

Ich erwähne hier diesen historischen Streit, auf den ich an anderer Stelle zurückkomme, weil er für mich seit vielen Jahren eine Art Vorkapitel zu jener geistigen und moralischen Falle war, in die auch ich immer wieder in den Auseinandersetzungen meines politischen Lebens geraten bin. Als Büchermacher, als Politiker. Die Verspottung des Albert Camus durch ein Wortspiel hat den Titel dieses Buches beeinflußt. Sartre verspottete den ehemaligen Freund Albert Camus vor allem, weil dieser sich als Fürsprecher von Elenden gemacht hatte, ohne für die kommunistische »Revolution« eindeutig Partei zu ergreifen.

Prägungen.   Als Büchermacher war ich vor bald dreißig Jahren in einen Beruf geraten, in dem ich gut reden hatte und gut publizieren konnte. In all den Büchern, Aufsätzen und Artikeln seit 1965, als rororo-aktuell-Herausgeber von 1970 bis 1989, der Zeitschrift

4 Annie Cohen Solal, *Sartre*, S. 515

Technologie und Politik 1975 bis 1984. Dies alles wurde Teil des öffentlichen Disputations-Gewebes. Manchmal stoße ich auf Begriffe und Themen, die meine Rowohlt-Kollegen und ich angestoßen hatten.

Glückskinder. Ich bin von der Wirklichkeit, mit der ich mich beruflich befaßt habe, selbst meist verschont geblieben. Weit weg jedenfalls von den Dramen hinter den Büchern, von den Katastrophen, die sich abspielten seit Beginn des kalten Krieges (der auch den Hintergrund für jenen Streit zwischen Camus und Sartre lieferte).

Wo andere starben, machte ich Bücher. Auch über das Sterben. Die Kriege fanden in der Seele statt. Nur selten bin ich in unmittelbare Nähe jener Gewalt geraten, über die ich forschen, schreiben oder publizieren sollte. In Nordafrika in den fünfziger Jahren, in Südafrika und Rhodesien 1961 und als Abgeordneter sehr viel später in Paraguay und Guatemala. Und jetzt auf drei Reisen in das zerstörte Bosnien.

Gut reden. Ich hatte gut reden auch im Parlament. »Arme Teufel«, sagte ein Freund, als wir 1985 mit Bauern in einem Dorf in Guatemala sprachen, in dem Wochen zuvor ein Massenmord stattgefunden hatte. Wir waren hingereist, um Zeugen für das Massaker zu suchen, die das Militär systematisch unter Indios des guatemaltekischen Hochlandes verübte. Wir fanden keine. Nur Leute, die, das Erleben des Terrors in den Augen, stumm blieben.

Parlament kommt von *parler*. Die Weimarer Rechtsterroristen waren schnell mit dem Schimpfwort »Schwatzbude« bei der Hand. Viele der Journalisten, die uns als Berufsstand kritisieren, sind oft nicht sehr weit von diesem Wort entfernt. Viel haben wir selbst mitverschuldet.

Wir in der Politik haben gut reden. Wir analysieren, wir formulieren, und wir haben das bessere Programm, natürlich auch die besseren Männer und die besseren Frauen. Manchmal sprechen wir unsere Gefühle an. Viel Papier, viele Worte und Veränderungen. Programme – an manchen habe ich mitgeschrieben –, hier ein Satz, da ein Bild. Vieles ist nicht übernommen worden, manches in Anträgen verabschiedet. »Verabschiedet«.

Aber das muß nicht alles erinnert werden. Sozialdemokrat. Dann gibt es im Handbuch des Bundestages noch persönliche Tupfer. Wo, wann geboren, verheiratet, die Zahl der Kinder, was studiert, was gearbeitet, wohnhaft wo?

Anstoß. Wie jeder Text hat auch dieser seine Geschichte. Die Anlässe für dieses Buch: Die deutsche Einheit, der Golfkrieg, der Jugoslawienkrieg, die Asyldiskussion. Diese Themen kreisen für mich um zwei Fragen: Bleiben wir Deutschen in einem übernationalen Verband, bleibt »Europa« das übernationale Ziel, das keine nationalen Sonderwege in zentralen Fragen erlaubt? Und ziehen wir Deutschen die eine zentrale Lehre aus den Katastrophen dieses Jahrhunderts: Bleibt unser Verfassungspatriotismus zivil, sind und bleiben wir Bürgergesellschaft, zu der alle gehören, unabhängig von ihrer Abstammung?

»Einigkeit und Recht und Freiheit«. Ich habe diese Zeile mitgesungen, als Annemarie Renger am 9.11.1989 die Bundestagssitzung unterbricht und knapp die Öffnung der Mauer in Berlin bekanntgibt. Am nächsten Tag bei einigen Freunden Entsetzen: Der linke Sozialdemokrat hat mitgesungen. Manche waren über diesen Spontanklang aufgeregter als über den Fall der Mauer. Auch Konservative, auch Helmut Kohl fanden den Kurzgesang im Parlament genauso eindrucksvoll wie den Anlaß selbst. Der aber war die säkulare Sensation, das Lied eine nicht sehr wichtige Selbstverständlichkeit.

Warum begreife ich bis heute kaum, was meine Freunde an dem Singen so aufgeregt hat?

Natürlich hatte ich Angst, als Saddam Hussein Ende Dezember 1991 ankündigte, er werde Raketen auf Tel Aviv schießen. (Ich bin sehr spontan nach Israel gefahren, und er hat Raketen geschossen.) Hurra schreien wie Wolf Biermann mochte ich nicht, aber die Kriegserklärung gegen Israel brachte neue Distanz in der Fraktion.

Warum konnte ich nicht, wie viele meiner Freunde im Parlament, für die alles so eindeutig schien, gegen den Krieg protestieren, wie vor zwanzig Jahren gegen den in Vietnam, gegen die Amerikaner, gegen alle, die da mitmachen wollten? Was hat mich geprägt, das ich nicht mitdemonstrieren wollte gegen den Golfkrieg?

Und ich mußte meine Haltung zum Artikel 16 des Grundgesetzes überprüfen, als von 1991 auf 1992 die Zahl der Asylbewerber sich fast verdoppelt hatte. Was wir Monate zuvor als neuerliche Propaganda der populistischen Rechten abgetan hatten, die Warnung vor dramatischer Zunahme der Bewerberzahlen: Es war im Frühjahr 1992 eingetreten. Ich hätte mich selbst belügen müssen, wenn ich diese Entwicklung auch jetzt noch ausschließlich als Propaganda und BILDschmäh abgewehrt hätte. Zehn Jahre hatte die Rechte das Asylrecht für ihren Wahlpopulismus genutzt, bei verglichen mit 1992 sehr geringen Bewerberzahlen. Warum ließ ich meine Überzeugung in diesem so zentralen Punkt von der Wirklichkeit korrigieren? Womit ich den bis dahin schwersten Konflikt in mir selbst, mit meinen Freunden, mit vielen Autoren riskierte, seit ich in die Politik geraten war.

Und natürlich ergriff ich Partei, als die serbische Armee und ihre nationalistisch-sozialistischen Verbündeten anfingen, ihre Hegemonie in Jugoslawien mit Vertreibungsterror und Völkermord zu erzwingen. Ich geriet immer tiefer in diesen Konflikt – und nahm einen weiteren mit engen Freunden in Kauf. Warum?

Das wollte ich gerne herausfinden, und ich wollte es aufschreiben. Prägungen eines Deutschen, der vor dem Krieg, dem großen Krieg, in der völkischen Definition als »Halbdeutscher« geboren wurde, der ihn in Hamburg erlebt hat; Prägungen eines Menschen, der im kalten Krieg erwachsen wurde. Der erst durch einen Unabhängigkeitskrieg, den Krieg in Algerien, angefangen hat, sich für Politik zu interessieren. Und erst sehr viel später für die SPD. Was in meiner Jugend ein oft liebevoll spöttisch gemeintes Lob gewesen war – »sehr idealistisch« –, hat mich in der Politik bis heute begleitet, immer noch spöttisch, heute aber als Tadel.

Rücksicht – Respekt. 1759 taucht auch bei Gotthold Ephraim Lessing das Wort Respekt eingedeutscht auf: Rücksicht. Respicere. Der Humanismus der Aufklärung hat einen wesentlichen Aspekt vernachlässigt, den die Gegenaufklärer verfälscht für sich reklamieren: die Selbstkritik, die Rücksicht, den Respekt. Aufklärung und Fortschritt haben selten den Blick zurück geworfen. Wenig beachtet haben sie das, was beim ständigen Fortschreiten beschädigt oder zerstört wurde. Mit diesem Thema hatte ich mich fast zehn Jahre befaßt.[5] Das Wort Rücksicht ist immer wichtiger geworden. Das Wort Vorsicht auch. Vorwärts? Ja, natürlich, aber traue dem Blick zurück.

Rücksichten und Vorsichten. Im ersten Teil der »Rückblick« auf die Zufallsprägungen des eigenen Lebens. Geboren vor dem Krieg, als Sohn einer ledigen Mutter und eines jüdischen Vaters.

Später das Zusammensuchen der wenigen überlebenden jüdischen Verwandten. Zufallsbegegnung mit dem algerischen Krieg als Student. Dann Studienaufenthalt in Südafrika.

5 vgl. F. Duve, Hg. *Ausbrüche*, S. 21

Humanismus das Ideal, Aufklärung der Auftrag. So erscheint mir im Rückblick das Gepäck des Abiturienten, der 1956 sehr altmodische und lange Gespräche mit jungen Dozenten der Geschichte und der Philosophie an der Hamburger Universität führte, um sich Studienfächer zu suchen.

Der zweite Teil »Vorsichten« steht unter dem Begriffspaar »Zivilität und Terror«, es setzt politische Konflikte der neunziger Jahre in Bezug zu biografischen Erfahrungen: Bosnienkrieg, Minderheitenschutz und Abstammungszwänge, Vertreibungsterror und Umbruchsängste. Welche Vision bleibt Deutschland im Europa der Balkankatastrophe? Mitten im Hurrikan des Wandels: Treibsand oder Anker?

Politik ist keine Wissenschaft. Der Politiker kein Wissenschaftler. Ich habe Erfahrungen gemacht, keine Theorie. Einige habe ich hier zusammengetragen.

I. Rücksichten eines Deutschen – Familie und Heimat

Heimat Hamburg –
Der Krieg ist aus.
Ist er aus, der Krieg?

> *»Wir sind alle das Ergebnis unserer*
> *Lebensgeschichte.«*
>
> Joseph Weizenbaum

Krieg in der Stadt.   Es war einmal eine Zeit, in der die Nächte taghell wurden, lange weiße Lichtfinger tasteten den Himmel ab. Manchmal fingen sie summende Wespen aus Metall. In jener Zeit war die Stadt anders. Morgens waren Häuser plötzlich aus der Höhe gerutscht. Die Wände standen noch, zerzaust. Manchmal auch noch Fußböden mit den Möbeln. Riesen Puppenstuben. Nach vorne ganz offen. Verbrannte Betten, aber der Herd war noch da und manchmal ein Küchenschrank. Ab Mitternacht wurde es wieder hell. Und laut. Dumpfe Sirenentöne. Die Kinder mußten in den Keller oder über die Straßen in den Bunker. Da redeten die Frauen und alten Männer wenig. Sie hörten nach draußen, und von draußen kam der Lärm. Im Keller laut, im Bunker leise. Der Lärm von den krachenden Häusern und von der Flak. Es gab eine Zeit, da gab es kein Fernsehen. Und kein Schießen auf dem Glasquadrat. Die Flak war wirklich. Die Häuser rutschten auf die Straße. In einer Nacht. Große Steinhaufen. In den Kellern darunter blieben manchmal Menschen am Leben. Andere schrieben draußen mit Kreide an die Mauern, daß sie noch lebten.

Die meisten Häuser sind wieder aufgerichtet worden. Nicht alle. Wo sie Platz gemacht hatten und ihre Steine weggeräumt wurden, sind ganz andere Häuser neu aufgebaut worden: Quer zu den alten standen sie nun. Die Stadt war ganz anders. Vor über hundert Jahren hatte sie schon einmal gebrannt. Von selbst. Das war der große Brand. Jetzt waren es die »Angriffe«.

Bis heute verstehe ich sie nicht, die traurige Sachlichkeit, mit der die Menschen mit den »Angriffen« umgingen. Die Flugzeuge kamen immer wieder, nichts konnte sie wirklich abwehren. Sie kamen, wie die Nacht über den Horizont. Am nächsten Tag mußten wir sehen, was diese Nacht gebracht hatte.

Der rasche Zwang, mit den Folgen fertig zu werden – den Toten, den Trümmern, den zerrissenen Verkehrslinien, den zerstörten Straßenbahnen –, verhinderte, den Schock auszuleben. Wir waren verwundbar im Innersten, im eigenen Haus. Trotz des Grauens war das Mitgefühl mit den Soldaten in Rußland auch nach den Angriffen größer als das Mitleid mit sich selbst, in der zerstörten Stadt. Ich erinnere mich an Fahrten mit der S-Bahn vom Kinderheim in die Innenstadt, nach Angriffen. Schon morgens fuhren die Züge auf kleinen Zwischenstrecken wieder. Am Holstenbahnhof mußten wir zur Weiterfahrt auf Lastwagen umsteigen. Denn irgendwo war die Strecke zerrissen.

Diese Ungeheuerlichkeit, daß die Männer irgendwo weit weg »an der Front« standen und daß die britischen Flugzeuge fast unbehindert alle Fronten, alle Abwehr überfliegen und plötzlich von oben die Häuser zerstören konnten, dieser Schock blieb aus. Obwohl alle Kriegsbilder von Verteidigung, von Sicherung der Grenzen, auch der Sicherung der Häuser lächerlich gemacht worden waren. Vielleicht wurde auch alles überspielt vom ungeheuren Zwang zur Solidarität und zur Disziplin, noch in der Nacht, gleich am nächsten Morgen. Die Hölle war über Haus und Hof gekommen, hatte Heim und Herd zerstört. Und Schloß und Riegel waren nur noch lächerlich zerrissene Metallteile in den zerkrümelten Ziegelsteinen und im verkohlten Holz. Der aufgerissene Himmel hatte das Bild von der beschützten Heimat und dem Krieg draußen an der Front lächerlich gemacht: Die Brandbombe fiel ins Schlafzimmer. Erst nach dem Krieg lernten wir, wie diese neue technische Gewalt aus dem Himmel in Guernica von Deutschen begonnen worden war, wie Rotterdam, Coventry und Dresden zerstört wurden. Aber in meiner Erinnerung hatten die Erwachsenen weder besonderen Haß auf die »Tommies« noch besonderen Zorn nach Berlin auf die Nazimacht. Diese Gewalt vom Himmel war so erstmalig, und die Hilfsbereitschaft der Menschen untereinander so stark, zugleich die Erkenntnis so niederschmetternd, daß es keine Macht mehr gab, die diese Flugzeuge aufhalten konnte, daß nur noch Kraft zum Aufräumen und zur Hilfe blieb. Erst später habe ich gelesen, daß die Hamburger vor allem KZ-Häftlinge und Kriegsgefangene einsetzten, um die Aufräumarbeiten zu leisten.

Ich fuhr oft allein durch die zerstörte Stadt. Nach meinem vierten Geburtstag hatte meine Mutter mich ängstlich in eine S-Bahn gesetzt und Mitreisende gebeten, auf mich aufzupassen: Den Weg vom Bahnhof ab kenne ich schon allein. Schon bald fuhr ich zu meiner Mutter, zu den Großeltern. So war ich auch im Krieg nie ganz allein. In den Bahnen und auf den Lastwagen kümmerten sich fremde Leute um mich. Manchmal freundlich, manchmal streng.

Heimat. Noch in Eimsbüttel konnte ich die Schiffe tuten hören, lange vor den Autohupen, lange vor dem Verkehrslärm, lange vor dem Bombenlärm. Das Schiffetuten. Vielleicht das wichtigste öffentliche Geräusch meiner Kindheit. Vor dem großen Autolärm war die Stadt stiller gewesen. Bis zum Krieg. So viel Krach hatten Menschen noch nie gehört, niemals in Jahrhunderten. Vielleicht dröhnen auch deshalb in meinem Kopf die englischen Flugzeuge und die deutschen Sirenen bis heute nach. Krieg. Mit dem Wort ist Lärm verbunden.

Kanonen und Trompeten, auch die Marschkolonnen. Sie sind aber leise, verglichen mit den Megaposaunen der elektronischen Verstärker und dem Dauerpegel der Autos.

Gibt es eine Geschichte der Kriegsgeräusche?

Das zweite Geräusch meiner Kindheit sind die Möwen im Winter, sie flogen bis vor die Fenster in Eimsbüttel. Möwen vom Fenster unterm Dach füttern, Brotkrümel werfen.

Warum soviel vom Krieg? Die sozialdemokratische Generation vor uns – Willy Brandt, Herbert Wehner, Helmut Schmidt – war als Politiker ohne die so unterschiedlichen Erfahrungen im Krieg gar nicht denkbar. Das galt auch für die weniger bekannten. Geprägt vom Krieg hat sich wohl auch meine eher stille Zwischengeneration empfunden. Geprägt als Kinder durch den II. Weltkrieg, wie die Älteren durch den ersten: Helmut Kalbitzer, einer der großen Hamburger Sozialdemokraten, der Widerstand organisiert hatte und nach dem Krieg lange Abgeordneter im Bundestag war, schreibt: »Meine allererste Kindheitserinnerung reicht bis in die Kriegszeit zurück. Im Sommer 1918 marschierten wir hinter einer schwarz-weiß-roten Fahne und piepsten mit unseren Kinderstimmen: ›Siegreich woll'n wir Frankreich schlagen, sterben als ein tapfrer Held.‹«

Zu dieser Zeit waren bei Verdun bereits mehr als eine halbe Million französischer und deutscher Soldaten umgekommen. Und wie die Generation Helmut Kalbitzers geprägt war von den Kriegsbildern der Kindheit, so war seine Elterngeneration geprägt von den Kriegen des neunzehnten Jahrhunderts, stärker als vom langen Frieden zwischen 1871 bis 1914. Dreiundvierzig Jahre Frieden hatten weniger Erinnerung hinterlassen als die eine große Schlacht von Sedan. Den Schlachterinnerungen wurden Denkmäler gebaut, den friedlichen Jahrzehnten kaum ein Gedicht geschrieben.

Die Erinnerung an Krieg im eigenen Land, an der nächsten Straßenecke oder am eigenen Haus, hat die Deutschen auch bestimmt in der Phase des kalten Krieges. Die Erinnerungskette von Generation zu Generation wirkt anders nach als Geschichtsschreibung oder Literatur. Den letzten Krieg auf US-amerikanischem Boden erinnert kein heute noch lebender Amerikaner mehr. Alle sind seit Jahrzehnten tot, die das Jahr 1865 – das Ende des Bürgerkrieges – noch selbst erlebt hatten. Auch darum war in den achtziger Jahren die Verständigung mit Amerikanern über die deutsche Friedensbewegung so schwierig.

Krieg hat uns geprägt, und so hinterließ besonders tiefen Eindruck bei dem neunjährigen sein Ende. Da gab es plötzlich das magische Wort Friedenszeit.[6]

Panzer an der Chaussee.   Seit dem Sommer 1944 hatte ich in einem Heim im Norden der Stadt gelebt. Langsam ging der Krieg zu Ende. Auch an der Landstraße, kurz vor der Stadtgrenze.

Eine Gruppe dürrer Menschen in Schlafanzügen

---

6 Der Psychoanalytiker Tilmann Moser hat in den letzten Jahren immer wieder auf eine Problematik von »Die Unfähigkeit zu trauern«, der Epochenschrift von Alexander Mitscherlich, hingewiesen: Die Ausblendung, auch die Entwirklichung der Kriegserfahrungen der deutschen Zivilbevölkerung, der Opfer des Bombenterrors. Vgl.: Tilmann Moser, *Derealisierung als Abwehr*, in: *Politik und seelischer Untergrund*, Frankfurt 1993, S. 65 ff.

kommt die Straße von Norden herunter. (Vor dem Kinderheim gibt es in meiner Erinnerung eine sanfte Neigung der Straße.) An der Seite des Menschenzuges gehen Uniformierte mit Stahlhelm und Gewehr.

(Später lerne ich »Gewehr im Anschlag«.) Ich gehe durch das hölzerne Gartentor über die Straße, laufe neben der Kolonne her und frage den Soldaten: »Was haben die denn getan?« Ich werde von ihm, nicht unsanft, mit dem Gewehr weggedrängt. (Später lerne ich, daß dies SS-Leute waren.) »Geh weg«, er schubst mich zurück. Einen Gefangenen sehe ich bis heute neben mir. Klapperdünn, einen Moment sieht er mich an. Die Kolonne schlurft weiter. März oder April 1945, die letzten Außenlager des KZ Neuengamme wurden aufgelöst, auch das in Fuhlsbüttel.

Nach diesem Zug der KZ-Gefangenen zogen die Ereignisse auf der Straße vorbei – Soldaten von Norden, die Deutschen, Soldaten aus dem Süden, die Engländer.

Die deutschen Soldaten kamen aus Dänemark in langen Panzer- und Lastwagenschlangen. Der Kopf der Schlange hielt vor unserem Kinderheim an der Langenhorner Chaussee. Sie reichte bis nach Ochsenzoll, bis über die Stadtgrenze.

Am nächsten Morgen war die Schlange weg. Hatte sich aufgelöst, durch Hamburg, über die Elbbrücken und dann in die Gefangenschaft. Die Chaussee war leer und still. Der Dorfpolizist kommt verärgert zu unserer Heimleiterin. Da haben sich ein paar Verrückte eingegraben, kurz vor dem Eingang zur Anstalt Langenhorn.

Es war ein alter Polizist. »Die haben sich eingegraben, diese HJ-Lümmel, mit Panzerfäusten.« Der »Gauleiter« Kaufmann hatte Hamburg übergeben wollen, alles war für die stille hanseatische Kapitulation vorbereitet, und nun diese Teenager-Werwolfe, fünfhundert Meter von unserem Heim entfernt. Der alte Mann in Uniform hat sie mit der Dienstpistole verjagt. Viel Aufregung in den ersten Maitagen 1945 an der Chaussee. Der Tag mit Ausgehverbot. Niemand darf auf die Straße.

Das Haus zitterte. Frühmorgens dröhnten die Panzer (jetzt die »feindlichen«) die Chaussee hoch, diesmal von Süden nach Norden. Wir wurden erobert. Sie dröhnten nach Schleswig-Holstein. Unsere Zahnputzbecher dröhnten mit. Trinkbecher in der Küche summten mit. Die Panzer waren dunkelgrün, ganz anders als die Panzer, die wir kannten. Und oben in den offenen Turmluken, die ersten Feinde!

Sie hatten knallrote Gesichter – vom Wind. »Indianer« rief, ich, Rothäute. Denn es gab ja Menschen mit rotem Kopf. Die Indianer in Amerika. Also wurden wir von den Amerikanern eingenommen. »Wir gehören jetzt zu Amerika«, erklärte ich meinen Freunden im Kinderheim. Die Engländer, die wir schon am nächsten Tag kennenlernten, waren freundlich, und keine Indianer.

Erinnerungen im Kopf. Seit diesem Mai 1945 hatte sich etwas festgebissen. Eine Erwartung: Jetzt fängt etwas wirklich Neues an.

Viele Bilder von diesen letzten Tagen im Krieg haben sich erst nach und nach in Bedeutung aufgelöst: auch das Ende der KZ-Außenlager. SS-Soldaten und ihre Opfer auf der Langenhorner Chaussee.

Heimat Familie –
Vom Krieg zersprengt

Heimatstadt Hamburg. Der Krieg hatte sie gezeichnet. Die Wunden sind geheilt, die Narben kaum noch erkennbar. Die Hamburger haben sie wieder aufgebaut.

Die Familie war vom Krieg in die Welt zersprengt, keiner konnte sie wieder zusammenbringen. Die Narben sind geblieben.

September 1993. Wo die Linie 25 ankommt, da sollte ich auf den Mann warten. Am großen Busbahnhof. Ich laufe die Jaffa Straße entlang. Vom American Colony Hotel in die Stadt – in der Rush hour abends um 19.00 Uhr. Der Mann würde da auf mich warten. Leicht zu erkennen mit seinem schwarzen Hut. Ich versuche ihn mir vorzustellen, zwischen all den modern gekleideten Israelis und Arabern, als Mann ganz in Schwarz. Er müßte wesentlich jünger sein als ich. Es dämmert über Jerusalem an diesem Donnerstag abend. Im September 1993, wenige Tage nach der Sensation aus Oslo: Arafat und Rabin hatten ein Übereinkommen vorbereitet! Und niemand hatte es gemerkt.

Die eiligen Menschen auf der Straße zum Busbahnhof kommen näher. Ich suche den Mann mit dem schwarzen Hut und dem schwarzen Anzug. Dann sehe ich, wie eine große Straßenchoreographie, Dutzende von hastenden Männern in schwarzen Hüten und schwarzen Anzügen, unterm Arm dunkle Aktenmappen. Sie verschwinden im Eingang zum Bahnhof. Den ersten, der langsamer geht, spreche ich an: »Are you Mr. . . . ?« Er sieht mich fast entsetzt an und geht weiter. Ein Blick, kein Wort.

»Kann ich Ihnen helfen?« fragt mich eine junge Frau.

»Ich suche einen Menschen, den ich nicht kenne. Wir sind hier am Eingang des großen Busbahnhofs verabredet. Dies ist doch der Bahnhof?«

»Ja. Woher kommt denn der Mann?«

»Mit der Linie 25.«

»Aber die hält doch draußen.«

Ich gehe wieder auf die Straße. Immer wieder Männer mit schwarzen Hüten, alle Bewohner Jerusalems scheinen abends zum Busbahnhof zu eilen: kichernde, ziemlich luftig gekleidete junge Mädchen, ernste junge Männer in Jeans, Mütter mit ihren Kindern. Eine gespannte Freundlichkeit, aber kaum Blickkontakt zwischen den Eilenden. Die Busse kommen an und fahren weiter.

Auf der anderen Straßenseite sehe ich einen älteren Mann mit schwarzem Hut. Er scheint zu warten, ich springe über die Absperrung und versuche, vorbei an all den Abendbussen zu dem Mann zu gelangen. Als ich drüben bin, ist er weg.

So geht das eine Stunde. Ich rufe unter der Nummer des Mannes an. Eine Frauenstimme: »Aber er erwartet Sie doch an der Endstation von Linie 25. Nein, Sie müssen noch weiter laufen. Nicht direkt am Busbahnhof, sondern am Busterminal, wo die Busse gewaschen werden. Sie haben Terminal mit Bahnhof verwechselt.« Ein Tadel, aber freundlich.

Ich renne über die Fahrbahn an der Ecke von der Weizmann- und der Jaffa Straße über die Ampel – da stehen die leeren Busse. Keine Menschen, nur der dunkle Buspark. Doch, da löst sich einer, bepackt mit Aktentasche und Beutel. »Are you Freimut Duve?«

»Yes.« »Good evening.«

Er hat einen schwarzen Hut auf über einem freundlich strengen Gesicht und gibt mir die Hand. »Wir wollten uns doch um halb acht am Busbahnhof treffen«, frage ich.

Er sieht mich nicht unfreundlich an. »Nein! Mein Unterricht ist erst um halb acht zu Ende, wir hatten uns um acht Uhr verabredet. Ich habe nicht Busbahnhof gesagt, sondern Busterminal. Das sind zwei Fehler.«

Sein Beruf ist Thoralehrer.

Zwei Tage zuvor war ich nach Israel gekommen, um an der Bir Zeit University in den besetzten Gebieten, im israelisch beherrschten Palästina also, mit dem Palästinenserführer Feisal Husseini vor Studenten zu diskutieren über die Zukunft der Demokratie und über den Frieden im Nahen Osten.

An diesem Abend in der Wohnung des Thoralehrers und in der Synagoge seiner Siedlung, am Rande Jerusalems, war eine Suche an ihr Ende gelangt, mit der ich 1945, achtundvierzig Jahre zuvor, begonnen hatte. Die Suche nach den wenigen Menschen, mit denen ich verwandt bin. Diese verspätete Begegnung hatte etwas mit der Mutter des Thoralehrers zu tun. Sie hatte sich vielleicht ein wenig geniert, daß ihr einziger Sohn orthodox geworden war. Nie war er in Haifa gewesen, wenn ich sie bei früheren Aufenthalten in Israel besuchte. Umgekehrt hatte auch ich bis dahin eine sperrige Scheu, ihn in Jerusalem aufzusuchen.

Im Sommer 1946 hatte meine Mutter einen Brief aus Genf bekommen. Die jüdische Organisation in Genf, an die sie sich gewandt hatte, teilte mit, Bruno Herzl aus Osijeg sei tot. Amtlich gestorben 1941. Seither hatte ich mir in meinem Kopf parallel zur Familie meiner Mutter die jüdische Familie meines Vaters zurechtgelegt. Zahlreich und abstrakt: Es dauerte achtundvierzig Jahre, bis ich die Familienskizze in meinem Kopf mit den wenigen Personen, die noch lebten, ausfüllen konnte. Wie auf einer großen Wandzeichnung – drei, vier aufgeklebte Realfotos, alle anderen bleiben Striche und Umrisse.

Wenn der Vater tot war, vielleicht hatte ich ja irgendwo in der Welt noch einen Opa und eine Oma. Oder eine Tante oder einen Onkel. Onkel hätten mich mehr interessiert, da ich in den Kinderheimen fast nur mit Frauen in Berührung gekommen war und der Einfluß männlicher Personen auf meine Erziehung äußerst gering war – das trifft wohl auf die übergroße Mehrheit der Kriegskinder zu.

Die jüdische Familie in meinem Kopf hatte keine genauen Konturen. Sie war Phantomfamilie. Die Trauer, die sie erzeugte, wurde zu einem Phantomschmerz. Ich wollte sie ganz und gar anders als die Altonaer Familie meiner Mutter. Wahrscheinlich wünschte ich sie mir durchgeistigter, und gewiß liebevoller und weniger miteinander im Streit. Ich war damals neun Jahre alt und hatte im Kopf widersprechende Vorstellungen von der Welt der Erwachsenen. Eine hatte sich gefestigt: Im Notfall können sie dir auch nicht helfen. Immer wenn ich in schwierige Situationen geraten war, in den Kinderheimen oder auf den Trümmerstraßen, in denen damals die Älteren sich zu Jugendbanden zusammenschlossen, dann waren die Erwachsenen nicht da. Vor allem nicht in den Kinderheimen. Wo es freundlich, aber häufig sehr streng zuging. Ausgehverbote, Essensverbote, Spielverbote. Familie war da nie, die einen hätte in Schutz nehmen können.

Die jüdische Familie im Kopf erwies sich als sehr bequem. Sie kümmerte sich um nichts, sie stand immer zur Verfügung, aber störte nicht weiter beim Älterwerden. Da gab es eine Großmutter, die in meinem Kopf in der merkwürdigen Stadt Agram wohnen mußte. Dort jedenfalls habe mein Vater gelebt vor dem Krieg, sagte meine Mutter. (Später lernte ich, daß Agram der alte Name von Zagreb war.) Ich hatte mir dann noch einen freundlichen Onkel ausgedacht, auch den versetzte ich nach Agram. Meinen Vater hatte ich inzwischen nach Amerika plaziert. Zwischen der ersten Eröffnung über meinen Vater im Herbst 1945 und der Nachricht von seinem Tode lag über ein Jahr. Immer wenn in dieser Zeit ein fremdes Auto vor dem grauen Etagenhaus meiner Mutter stand (einmal war es ein amerikanisches Auto mit amerikanischer Militärnummer), dann war ich überzeugt: Jetzt war mein Vater gekommen, uns zu holen. Ich blieb lange an dem Auto stehen, sicher, daß meine »Eltern« mich bald rufen würden. Als ich nach oben in den vierten Stock kam, war es wie immer, niemand war da. Viele Jahre später erzählt der Schriftsteller Hubert Fichte (er war ein Jahr älter) dem Journalisten Freimut Duve, wie er nach dem Krieg die Rückkehr seines jüdischen Vaters erwartet hatte. Ich erzähle ihm meine Geschichte. Unsere Mütter wohnten nur wenige Straßen voneinander entfernt. Hatten einander in der heimlichen Anthroposophen-Opposition gekannt. (Kleine Gruppen der verbotenen Anthroposophen trafen sich an Wochenenden zum Wandern und veranstalteten ihre illegalen Vereinstreffen in Heidebauernhöfen. Meine Mutter hatte mich manchmal mitgenommen, da ich nur an den Wochenenden bei ihr war). In dem Roman *Palette* hat Hubert Fichte später diese Doppelung seiner und meiner Erfahrungen beschrieben.

Diese Generation der Kriegskinder, Mitte der dreißiger Jahre geboren, hatte sehr viel Ähnliches erlebt, das sie aber, anders als die Nachkriegskinder, die APO-Studenten, selten als kollektive Erfahrung dargestellt findet.[7] Auch deshalb erzähle ich diese Geschichte. Wie viele wir waren, die den Nürnberger Rasse-Gesetzen zum Trotz auf die Welt kamen, wird nie jemand erkunden können. Ich vermute, es waren Tausende. Die Ängste und Leiden der Älteren, der eindeutig von den rassistischen Behörden identifizierten, hatten nicht wir, sondern unsere Mütter. Günter Kunert erwähnt in der Besprechung des Buches von Helmut Krüger »Der halbe Stern« (Berlin 1994) die Vorläufigkeit des Schutzes, der den »Mischlingen« gewährt worden war: »Man war geschützt, aber immer nur vorläufig. Man war mit einbezogen in das Unheil und voll schlechtem Gewissen, es selber nicht zu erleiden. Für ein Kind, einen ganz jungen Menschen, konnte die durchlebte Ambivalenz nicht folgenlos bleiben. Das Außenseitertum, die Position zwischen den ›Fronten‹ ließ sich niemals mehr zur Gänze überwinden.«[8] Das Protokoll der Wannsee-Konferenz ist eindeutig: Vernichtung oder Sterilisation war für die »Mischlinge 1. Grades« vorgesehen.

Was der etwas ältere Kunert noch während des Krieges erlebte, erfuhr ich in einer eher abstrakten Form erst nach 1945, aber dann in einer mir bis heute kaum erklärlichen Wucht. Einmal begann schon bald nach Kriegsende, versursacht vielleicht durch befreundete Jungen, denen ich mich anvertraut hatte, eine problematische Form der kindlichen Selbststilisierung des »Da-

---

7 Tilmann Moser verteidigt vehement Anita Eckstaedts Schrift, *Nationalsozialismus in der zweiten Generation*, Frankfurt 1989. Mir leuchtet seine Position ein, auch »unsere« Generation muß sich ihrer Kriegsnarben und Prägungen durch die Nazizeit bewußt werden können. Es ist gefährlich, sich mittels eines Salto mentale einfach auf die »gute« Opfer- oder die »böse« Täterseite zu schwingen. Wir waren Kriegskinder in einer Diktatur. Wir nahmen diese Diktatur wahr und hatten bis 1945 fast keine Möglichkeit, sie als »böse« oder bedrohlich zu erfahren. Aber wir erlebten den Bombenkrieg.

8 G. Kunert, *Der Stoff, aus dem die Alpträume sind*, DIE WELT 25.3. 94.

vongekommenen«. Und dagegen entwickelte sich rasch die schreckliche Erkenntnis, daß die gekannte Hälfte der Familie zu den Tätern gehört hatte. Ich kann Kunerts Selbstdeutung nachvollziehen: »Ich bin von einer gewissen Distanziertheit, von einer ›Reservatio Mentalis‹, im Gegensatz zu meinen Altersgenossen, nie mehr frei geworden. Auch das gehört zu dem Stoff, aus dem die Alpträume gemacht wurden, die sich immer wieder erneuern.«

Winter 1945/46.　　Der alte Mann saß auf der Bettkante und hatte ein weißes Nachthemd an. Er hielt eine Zeitung in der Hand. Mit großen Fotos, fast über die ganze Seite. Er war alt. Ende sechzig. Ich beobachtete ihn, den Kopf fast unter der Decke. Im Schlafzimmer der Großeltern war ein Bett für mich aufgestellt. Der Alte weinte. Später habe ich mir die Fotos angesehen. Es waren Fotos aus dem KZ. Leichen. Der alte Mann war mein Großvater.

Das war die wirkliche Familie. Überdeutliche scharf konturierte Aufnahmen, neben denen keine Skizzen und vagen Umrisse mehr Platz hatten.

Mein Großvater trug eine braune Uniform. Auch nach dem Krieg hing sie noch eine Weile im Kleiderschrank im Schlafzimmer neben meinem Bett. Mit dem goldenen Parteiabzeichen. Ein eher sentimentaler Kaufmann, hatte er im Aufgang zum Kontor seiner Firma, da wo die Treppe im rechten Winkel nach oben knickt, ein geschnitztes Hakenkreuz anbringen lassen. (Ein Großhandel für Kolonialwaren und Backmaschinen, den er gründete, nachdem er sich zuerst als Drogist in Altona selbständig gemacht hatte. Er war in der Drogerie mit selbstgemischten Backgewürzen sehr erfolgreich gewesen, in seiner Firma arbeiteten etwa 30 Mitarbeiter.) Das Haus steht noch, und das Holzpodest für das Hakenkreuz ist noch zu sehen.

Er hatte in der Zeitung Berichte aus den Konzentrationslagern gelesen. Er tat mir leid, weil er weinte, und weil ich nie erwartet hätte, irgendeinen der wenigen Männer, denen ich in meiner Kindheit begegnet war, weinen zu sehen. Seine Frau, meine Großmutter, hatte wieder und wieder zu mir gesagt. »Ein deutscher Junge weint nicht«, aber sie hatte auch oft zu mir gesagt: »Du siehst ja aus wie ein Zigeunerjunge.« Das verstand ich nicht. Ich kannte keine Zigeuner. Er hatte mir hin und wieder zugerufen: »Ein deutscher Junge muß immer die Wahrheit sagen, die Welschen, die lügen.« Wenn sie mich wahrnahmen, dann kritisierten sie mich: »Wie aus dem Ei gepellt« müsse ich stets aussehen. Vor allem meine Haare müßten immer glatt gekämmt und kurz geschnitten sein. Ich war zu wenig bei ihnen, um solche Anweisungen zu befolgen. Für mich galt, was im Kinderheim und in der Schule galt. Denn die Wohnung von »Oma und Opa« war nicht mein Zuhause. Und in der Wohnung meiner Mutter war ich selten. Als der alte Mann auf der Bettkante saß, war ich zehn und verstand nicht, warum er so weinte. Tränen. So etwas trauten wir uns ja nicht einmal im Kinderheim. Ein deutscher Junge weint nicht. Das hatten auch die freundlicheren Erzieherinnen im Heim gesagt. Vielleicht war es nur ein Schnack gewesen. Aber wenn Opa echte Tränen weinen konnte, der früher so streng in seiner braunen Uniform über den Hof zu seiner Firma gegangen war, dann war mehr passiert, als ein Zehnjähriger sich zurechtlegen konnte.

Über Jahre hatte ich diese Tränen und die Trauer dort auf der Bettkante im weißen Hemd ernst genommen. Bis ich auf seine Gedichte stieß. Heldengedichte, Heidegedichte, Klagegedichte.

Es gibt eines mit dem Titel »Deutsches Land« vom 29. Mai 1917, geschrieben »im Felde« von dem jungen Soldaten und Kaufmann Heinrich Duve kurz vor der Verwundung.

Die letzte Strophe:

> Deutsche Tat, stumm ohne Prahlen
> übermächtig glüht Dein Wille
> und nicht eher wirst Du ruhen
> Bis Dein Warten sich erfülle,
> Bis durch Deine Eisenhände
> ist erkämpft der deutsche Friede!
> frei das Meer, frei Deine Erde,
> deutsches Land, wie ich dich liebe!

Wenige Wochen später war er in einen Phosphor-Angriff geraten. Blieb für einige Monate halbblind und wurde gegen Ende des Krieges noch einmal eingezogen als Chef einer Sanitätsgruppe. Er schloß sich schon Anfang der zwanziger Jahre den Nazis an. Als Hitler in Landsberg saß, traf er sich auf einer »völkischen Tagung« am 26. November 1923 in Neubrandenburg und trug sein Heil-Hitler-Gedicht vor:

»Dem Führer« – Schlußstrophe:

> Heil! Hitler, Dir in dumpfer Haft
> Wir Brüder harren Dein,
> Dein Name gibt uns Mut und Kraft
> Und wird uns Führer sein!
> Heil!

Auf den Tag dreizehn Jahre nach diesem Weihesong brachte seine Tochter heimlich in einer fremden Stadt ein Kind zur Welt. Der Vater: Bruno Herzl aus Osijeg, dem ehemaligen ungarischen Grenzstädtchen Eszeg. Anvertraut hatte sich meine Mutter ihrer Tante, der ersten Akademikerin aus der sehr wohlhabenden Bauernfamilie ihrer Mutter – sie stammten aus Fehmarn und hießen Mildenstein. Die Tante nannte ihr den Namen einer Hebamme in Würzburg. Dorthin fuhr meine Mutter im sechsten Monat, als die Schwangerschaft kaum noch zu verbergen war, aus Angst vor den Nürnberger Gesetzen und vor ihren Eltern. Sie hatte versucht, nach England zu fahren, wo sie drei Jahre, bis 1934, gelebt hatte. England aber hieß, völlig ohne Geld auszureisen. Nur zehn Mark waren erlaubt. Vier Wochen nach meiner Geburt traute sie sich nach Hamburg: Weihnachten 1936 erschien sie, trotzig das Vier-Wochen-Baby im Arm, bei ihren Eltern.

Die Flucht und das Untertauchen meines Vaters hatten nichts geholfen. Meine mißtrauischen Großeltern hatten ein Detektivbüro beauftragt. Und das hatte herausgefunden: Der Vater dieses Kindes hieß Bruno Herzl und war Jude. Er verschwand wieder im damaligen »Königreich Jugoslawien«. Gelegentlich kamen Briefe, die meine Mutter versteckt hielt. Vor dem Standesbeamten in Würzburg hatte sie erklärt, was wohl viele Tausende Mütter nach den Nürnberger Rassegesetzen erklärten: »Vater unbekannt«. Für meinen Großvater blieb ich das »Zigeunerkind«. Er und seine Frau taten, was sie für ihre Pflicht hielten, und halfen meiner Mutter, beim Umzug, beim Möbelsuchen. Ich empfinde bis heute, wie unangenehm ich dem Großvater war. Er wußte nicht, wie er sich mir gegenüber verhalten sollte. Er konnte nicht einmal streng mit mir sein. Aber die Großmutter hatte mich im Sommer 1945 bei sich aufgenommen, als meine Mutter wieder einmal ein Kinderheim für mich suchte.

Zwei Gedichte dieses Großvaters habe ich erst vor einigen Jahren zufällig gefunden, sie sind schwer zu verstehen und schwer zu ertragen.

Am sechsten April 1945, nach fünfzig Millionen Opfern dieses Krieges in ganz Europa, als das eigene Land in Trümmern lag, Millionen auf der Flucht, die Stadt Hamburg im Chaos der Auflösung mit Zehntausenden von Flüchtlingen, die halbe Stadt Geröllhalde, schrieb Heinrich Duve, wahrscheinlich einer der ersten Altonaer Bürger, der dem Namen Hitler das peinlich-religiö-

se »Heil« zugefügt hatte, das Gedicht »Frühlingser-
wecken«:

> Frühling klingt es durch die Aue,
> durch die Wälder herbe Stille
> und wir stehen wie erschrocken
> dunkel spürend, daß ein Wille,
> dieses Werden ausgerichtet,
> und kein Winter das vernichtet,
> was zum Leben ist geboren
> und wir fühlen frohen Herzens
> was wir gläubig längst empfunden,
> daß auf harte schwere Stunden
> wieder folgen lichte Tage.

Sein wirklicher Krieg und der seiner frühen Nazigenera-
tion war der erste Weltkrieg gewesen. Der zweite wurde
zum Heldenepos in seinem Kopf. 1881 geboren – die
Nationalisten seiner Generation waren wirklich in
strengem Sinn verantwortlich für den Erfolg der Nazis
in Weimar, und für die Katastrophe, die sie anderen Völkern und dem eigenen Land zugefügt hatten. Aber er
blieb merkwürdig unberührt. Vierzehn Tage nach diesem Gedicht, inzwischen waren die zwei Söhne zurück
aus dem Krieg, unverletzt, schrieb sich der Vater die eigene Trauer von der Seele. Ohne eine einzige Frage zu
stellen. Es gab nicht einmal das »Warum?«:

> Ein Stern erlosch am Firmament,
> der immer mir gelacht,
> ein Stern, so hell und groß und schön
> versank in Not und Nacht.
> … Gib Herr die Lande wieder frei,
> uns allen gebe Mut
> und lösch nicht aus in dieser Zeit
> das treue deutsche Blut!
> Richt wieder auf vom Boden uns

die Männer und die Frauen
und laß die Enkel wieder einst
ein freies Deutschland schau'n.

Und dann kommt die Zeile, die mein Mitgefühl mit seinen Tränen am Bett umkehrt in Entsetzen:

So schwer geprüft seit tausend Jahr
ist noch kein Volk der Welt,
laß diesen Stern nicht ganz verglühn
an deinem Himmelszelt.

Die Tränen über den Auschwitz-Bildern waren Tränen der banalen Art gewesen, Tränen des Selbstmitleids, der Eigenheroisierung, der sentimentalen Verklärung eigenen Leids. Er war nicht »ausgebombt«. Er hatte keinen Sohn im Krieg verloren, er selbst war aus der britischen Militärhaft schon nach wenigen Tagen entlassen, weil eine überlebende jüdische Nachbarin aus Altona günstig für ihn ausgesagt hatte. Aber er sah »sein« Volk als das leidgeschlagendste aller Völker.

Eine liberale, eine aufklärerische Tradition hat dieses nationalistische mittelständische Bürgertum nie erreicht. Noch 1945 – nach den ersten Zeitungsberichten über Auschwitz –formulierte er das emotionale Muster der künftigen Nazis: Selbstmitleid, Selbstheroisierung, sentimentaler Schutt, der über die Bilder der Gewalt, der Mißhandelten und Erschlagenen gekippt wurde.

Als er gestorben war, entdeckte ich, inzwischen dreizehn Jahre alt, daß er mich sorgfältig in eigenhändigem schriftlichen Zusatz zum Testament von der Erbschaft ausgeschlossen hatte. Es ging nur um »eheliche« Kindeskinder. Die Familie hat meiner Mutter geholfen. Sie freute sich über die Gedichte, die ich zu Weihnachten aufsagen konnte. Sie brachten das »Du siehst aus wie ein Zigeunerkind« nach Kriegsende nicht mehr.

Alpträume. Wie der erste Weltkrieg in der Seele meines Großvaters, blieb der zweite in den Seelen seiner Kinder hängen.

»Du mußt«, ruft der Mann in den blauen Krankenbettlaken, »du mußt in die Speichen greifen. Wir schaffen es schon. Hüh, hüh. Ich werde die Pferde nicht erschießen. Wir müssen weiter. Wir werden alle erfrieren.«

Es war ein Zufall, daß ich Ende der sechziger Jahre den Bruder meiner Mutter, der sterbenskrank in der Klinik lag, besucht hatte. Er schien mich zu erkennen, forderte mich aber sogleich auf, ihm bei dem Drama zu helfen. Es hatte ihn auf einer russischen Straße erwischt, weil er die von Pferden gezogene Flak nicht mehr bewegen konnte, mitten im Winter 1943. Etwa eine Stunde lang wiederholte er seine Rufe, manchmal streichelte er die Pferde, dann schrie er sie wieder an. Zu mir war er freundlich, aber drängend: Du mußt ziehen, ziehen, ziehen. Dann starb er. Er war bei einer nichtmotorisierten Einheit der Infanterie gewesen. Verantwortlich für Pferde. Dreißig Jahre später starb er in einem Hamburger Krankenhaus. Der Krieg in seiner Seele hatte sich im Tode noch einmal gemeldet. Er hielt mich, seinen Neffen, für seinen Kameraden im russischen Schnee.

Immer hatten sich die Brüder meiner Mutter jeglicher politischen Bemerkungen enthalten. Meine Mutter galt als eher links und ein bißchen verrückt. Mir gegenüber blieben sie scheu. Behandelten mich zurückhaltend, erwähnten fast nie den Krieg, blieben in distanzierter Freundlichkeit, als hätte es den Krieg nicht gegeben. Nach meinen jüdischen Verwandten hat mich aus dieser Familie keiner gefragt. Aber sie wußten, daß ich die wenigen suchte, die übriggeblieben waren.

Familie. Der Gedanke an »Familie«, an Herkunft, war für mich seither politisch geworden. Ich vermute, daß diese Politisierung der Herkunft weit mehr Menschen bewegt, als öffentlich wird. Auch das Kind eines türkischen Vaters und einer deutschen Mutter ist noch 1994 gezwungen, seine Herkunft zu politisieren. Ich vermute, daß Millionen von Jugendlichen in Europa heute auf die eine oder andere Weise lernen müssen, damit umzugehen, daß sie typisch untypischer Herkunft sind. Wir machen uns keinen Begriff von den Seelenkriegen in den Köpfen der Kinder und Jugendlichen im Europa der neunziger Jahre, von denen Millionen und Abermillionen, die im traditionellen Verständnis »Mischlinge« sind. Die also in jedem Fall eine politische Dimension ihrer »Abstammung« wahrnehmen.

Phantomfamilie und Realfamilie machen einander den Platz im Kopf streitig. Ein fruchtbarer, kreativer Kampf nicht mit sich selbst, aber um sich selbst, wenn er ausgetragen werden kann; ein furchtbarer, lähmender Lebenskrampf, wenn er verdrängt werden muß.

Ich weiß nicht, auf wie viele Menschen diese Familiendoppelung zutrifft, die in der totalitären Normalität der dreißiger Jahre geboren wurden und im Krieg der vierziger aufwuchsen. Aber für alle Hamburger Kinder des Krieges galt, daß sie Kinder politischer Umstände waren. Tageslauf und Nachtunruhe waren geprägt von Pressionen, die von außen kamen. Kannten wir das Wort »Politik« auch nicht, so war unser Leben unmittelbar politisch bestimmt.

Aber auch die unpolitische Dimension wichtiger Wörter der Kindheit prägt den späteren Erwachsenen. Und ihre Auswahl mag von äußeren Umständen stärker bestimmt sein, als uns bewußt ist. Auch dies betrifft heute in Europa weit mehr Menschen als in meiner Kindheit im Krieg. Das fing schon mit sehr schwierigen Wörtern an: *Familie. Elternhaus. Vaterland. Muttersprache. Vaterstadt*: Von diesen Wörtern konnte ich als Kind nur eines für mich beanspruchen: *Muttersprache*. Sie wimmelten in den Büchern meiner Mutter und ihres Vaters. Später las ich Carl Ludwig Schleichs »Besonnte Vergangenheit«, und immer wieder tauchen diese Wörter auf, an denen ich keinen Anteil hatte. Deutschland war nicht das Land meines Vaters, sondern das Land meiner Mutter. *Mutterland* hätte mir gut gefallen, aber die Mutter ist für die Sprache vorgesehen. *Elternhaus*. Das Wort ärgert mich bis heute. Es wird vielen Deutschen ähnlich gehen. Eherne Worte der bürgerlichen Welt des neunzehnten Jahrhunderts kränken und schmerzen die Millionen Kinder, die ohne Eltern oder nur mit der Mutter aufgewachsen sind. »Mein Elternhaus«, unter diesem Titel ist 1984 ein Sammelband erschienen. Meine Schwierigkeit mit dem Wort wird dort von vielen Autoren, die meisten geboren vor dem I. Weltkrieg, geteilt. Das Buch beginnt mit Ida Ehre, der großen Schauspielerin, sie schreibt trotzig vom »Mutterhaus«. (»Mein Elternhaus«, Düsseldorf 1984)

Die Wohnung meiner Mutter, in die ich zum Wochenende aus dem Heim geholt wurde, war kein »Elternhaus«, die wechselnden Kinderheime auch nicht. Ein erstes »Elternhaus« lernte ich auf unangenehme Weise kennen: Im Sommer 1946 hatte ich mich mit einem Jungen in der Schule angefreundet. Er wollte, daß ich ihn besuche. Er lebte in einer mehrstöckigen Villa an der Rothenbaumchaussee. Die Küche allein schien mir größer als die ganze Anderthalb-Zimmer-Wohnung meiner Mutter. Seine Eltern waren wohlhabend und berühmt, beide waren bedeutende Professoren an der Universitäts-Klinik. Ich hatte solche Räume noch nie gesehen, solche Eltern auch nicht. Wenige Tage danach bekam meine Mutter einen Brief von der Professorin: Sie solle mich sofort zu einer TB-Untersuchung bringen, bevor ich wieder in ihr Haus dürfe, ich sehe so abgemagert aus, die Gefahr bestehe, daß ich ihren Sohn mit Tuberkulose anstecke. Meine Mutter war wütend. Und ich wollte niemals wieder in dieses Haus. Es siegte meiner Mutter Respekt vor der medizinischen Autorität und ihr Wunsch, daß ich weiter mit diesem netten Jungen spielen sollte. TB hatte ich nicht.

Während ich dies schreibe, merke ich, daß ich dieses schreckliche Wort »Elternhaus« vermutlich nie gebraucht hatte. Ein Leben lang. Es geisterte als Fremdwort in meinem Kopf. Ich hatte geglaubt, mit ihm nichts zu tun zu haben, und es hat mein Leben wahrscheinlich stärker mitbestimmt als Leute, die eins hatten.

Mein »Heimatbewußtsein« hat sich im wesentlichen an der Sprache ausgeprägt. Heimat, das war Hamburg auch als Wort. In schwarzen Riesenbuchstaben am Hauptbahnhof. Hamburg. Dieses behäbige Wort – wie eine feste Burgmauer. Das H als Tor. Als nach dem Krieg Hamburg nicht mehr die drittgrößte Stadt Deutschlands, nach Wien und Berlin, sondern die zweitgrößte Stadt war, freute ich mich. Wir waren fast an der Spitze. Als ich sehr viel später hörte, daß der unbekannte Hafen der Rheinstadt Duisburg sehr viel mehr Massengut pro Jahr umschlägt als der Hamburger Hafen (der größte Hafen Deutschlands), war ich enttäuscht.

Die Elbe, ein Wort wie ein eleganter Fisch – klingt schnell wie Forelle. Als Kind fragte ich in anderen Dörfern oder Städten die Leute: Wo ist eure Elbe. Bis heute bin ich irritiert, wenn ich von Straßennamen mit dem Wort Elbe, etwa in Dresden, höre – so wird es Dresdnern mit Hamburg gehen. Als Erwachsener war eine meiner ersten Fragen an den Bruder meines Vaters: Sprach mein Vater gut deutsch? (Das überschwengliche Urteil meiner Mutter allein hatte mir nicht gereicht.)

Aber es gab »Politik« auch unmittelbar: Am 20. April wurde zum Geburtstag Hitlers geflaggt. Die Flaggen waren mit einem Blick zu sehen, von der Straße, auch die Fenster ohne Flaggen. Vier Etagen, zwei Dachwohnungen. Meine Mutter meinte, man könne die Fahne von unten doch nicht sehen, und am Dachfenster sei sie zu schwer anzubringen. Aber Frau Türk in der 2. Etage hatte keine Fahne. Von viermal acht Wohnungen war sie die einzige. Sofort erkennbar, schon von weitem. Ich ging zu ihr. Sie nahm mich manchmal zu sich, wenn ich zu Besuch war und meine Mutter zu spät von der Arbeit kam. »Tante Türk, warum hast Du keine Fahne am Fenster?« Ihre Antwort war die erste Widerstandserfahrung meines Lebens, sie hat sich mir eingeprägt. Als sie über achtzig war, habe ich sie noch einmal besucht und ihr für diese heiter formulierte, aber todernst gemeinte Antwort gedankt. Sie sagte: »Mein Junge, an meinem Geburtstag hängt auch keiner eine Fahne raus.« Sie war Sozialdemokratin.

Phantomfamilie. Drei Jahre später. 1946. Ich hatte kaum je über meine künstliche jüdische Familie im Kopf gesprochen. Der Brief war aus Genf gekommen. Der erste Brief aus dem Ausland. Der Vater war wirklich tot. Ich ließ meine Mutter und Freunde viele Tage nicht an mich heran. Ich trauerte um einen Mann, den ich nie gekannt und von dem ich erst erfahren hatte, als der Krieg aus war. Wahrscheinlich trauerte ich zur Verzweiflung meiner Mutter so abweisend, weil mit dieser Nachricht der Phantomvater und die gewaltigen Hoffnungen, die ich in ihn gesetzt hatte, erledigt waren. Ich hatte nun meinen unbekannten Vater ein für alle Mal verloren. Meine Mutter rief die Lehrerin an. Und die machte am nächsten Tag zu meinem Entsetzen eine feierliche Angelegenheit daraus. Zu Beginn des Unterrichts. Tod des Vaters. Nun war es amtlich, was ja doch nur in meinem Kopf sich abspielte. Wir hatten ein Foto, einige Briefe und die Angst meiner Mutter seit meiner Geburt. Mehr nicht.

Am nächsten Tag rief mir vor der Schule im Streit ein Freund zu: »Du Scheißjude.« Ein anderer Freund hörte dies, hielt den Schreier fest und forderte mich auf, diesen zu verprügeln. Als ich es nicht tat – aus Unverständnis vielleicht, oder weil ich doch mit dem Schreier befreundet gewesen war –, nannte mich der, der mir helfen wollte, mich zu rächen, einen Feigling. Erst Ende der vierziger Jahre – inzwischen zwölf Jahre alt – begann mich das wenige, was über die Vernichtung der Juden für ein Kind damals erkennbar war, zu beschäftigen.

Es kamen Briefe aus Israel. Der Bruder meines Vaters hatte überlebt. Er schrieb einige Male meiner Mutter. Wollte sich über seinen deutschen Neffen informieren. Und er berichtete über das Ende der Familie. Er war der einzige Überlebende von, wie ich später erfuhr, dreißig unmittelbar Verwandten, die mit Hilfe der kroatischen Ustaschas umgebracht oder nach Auschwitz verschleppt worden waren. Im Jüdischen Museum in Tel Aviv habe ich später die Informationen über das Schicksal der Juden aus Osijeg gefunden. Die Familie Pollock meiner Großmutter und die Familie Herzl meines Vaters sind ausgerottet worden. Nur der Bruder hat überlebt: gerettet im italienischen KZ auf einer Adria-Insel, bewacht von kroatischen Ustaschas. Dieser Onkel überlebte auch das Kriegsende. Nach den Briefen an meine Mutter in den fünfziger Jahren verschwand er wieder. Ihre Anfragen kamen aus Israel zurück. Er schien verschwunden. Die jüdische Familie wurde wieder zur Kopfgeburt. Bis 1968.

Damals, im April, war ich zum ersten Mal in New York: Die Nummer hatte ich mir im Telefonbuch des Hotelzimmers gesucht. Es gab zwei Männer unter diesem Namen. Der Mann am Telefon war erschrocken. Er zögerte. »Yes, that's me.« Wir trafen uns am nächsten Tag im Restaurant des Hotels. Er kam scheu in das Lokal. Ein schlanker, großer Mann. Gebeugt. Der Mann war schüchtern. Er war über fünfzig. Es war mein Onkel Theodor Herzl, von seinen Eltern stolz so genannt nach seinem Großonkel. Was ich in New York mache?

Einen Vortrag sollte ich im Overseas PressClub[9] halten über die NPD in Deutschland.

Seit wann er denn in New York lebe. Seit Anfang der fünfziger Jahre. Er wurde wieder scheu. »Don't expect me to be your rich american uncle.« Ich verstand lange nicht, was dieser filmreife Satz sollte. Später hat er es mir erzählt. Er habe mir gegenüber ein schlechtes Gewissen gehabt. Ich sei sein einziger Neffe, und er hätte meiner Mutter helfen müssen. Mein Vater habe ihm von mir erzählt. Aber es sei ihm schlecht gegangen in Europa und schlecht in Israel, nun schlage er sich als Angestellter in New York durch. Er war Amerikaner geworden. Aber in Gedanken lebte er in Europa, seine Literatur war die deutsche Literatur. Er sprach Deutsch, Ungarisch, Serbokroatisch und arbeitete nun in englischer Sprache. Er hatte vor dem Krieg Wirtschaftswissenschaften studiert und an der Universität in Belgrad bleiben wollen. Den Abtransport und die Ermordung seiner Eltern und seiner Schwestern konnte er nicht verhindern. Er war – wie er sagte – eine Nacht zu spät am Flußufer in Osijeg aufgetaucht, am Tag zuvor hatten die Deutschen und die Ustaschas die Juden aus Osijeg abtransportiert. Er hatte alles vorbereitet, um die Familie zu retten. Er gab sich die Schuld bis zu seinem Tod.

Am nächsten Tag war er zum Vortrag gekommen. Er kannte mich nun einen Tag. »Du sprichst ähnlich wie dein Vater, siehst aus wie dein Großvater und bist der einzige Überlebende aus unserem Zweig der Herzlfamilie – außer mir.« Das älteste Buch in den Familien Herzl und Pollock, das dieser Onkel mit nach New York gerettet hatte, war ein »Knigge« aus dem Jahre 1800 – eine vereinfachte Ausgabe des Benimmbuches des berühmten Aufklärers. Es hat von Generation zu

9 Das Buch *Die Restauration entläßt ihre Kinder* war in Deutschland kurz vorher bei Rowohlt erschienen und war der Grund für die Einladung.

Generation die Assimilation der Familie in die deutsche Kultur begleitet. Kurz vor seinem Tod hat er es mir gegeben. Der Name meines Großvaters und meines Vaters sind eingetragen. Leider fehlt ein Teil der Titelei. Die erste Auflage ist zur Leipziger Herbstmesse 1800 erschienen. Die selbstironische Rede des Herausgebers Gruber ist als Vorwort abgedruckt, er empfiehlt den Vorschlag Immanuel Kants für die Erziehung und Bildung der Jugend:

»Unter allem Raisoniren ist aber keines, was mehr den Beitritt der Personen, die sonst bei allem Vernünfteln lange Weile haben, erregt, und eine gewisse Lebhaftigkeit in die Gesellschaft bringt, als das über den sittlichen Wert dieser oder jener Handlung, dadurch den Charakter einer Person ausgemacht werden soll. – Ich weiß nicht, warum die Erzieher der Jugend von diesem Hange der Vernunft nicht schon längst Gebrauch gemacht haben.« (Kant, *Kritik der reinen Vernunft*, S. 272)

Leider sagt das kleine Büchlein nicht, aus welcher Kantausgabe zitiert wird. Soweit ich feststellen konnte, geriet profane Literatur in die bäuerliche Mecklenburger Familie meines deutschen Großvaters erst in der Mitte des neunzehnten Jahrhunderts. Er selbst kaufte sich die großen Klassiker der Romantik als junger Mann vor dem I. Weltkrieg.

Als ich den Herzl-Knigge aus dem Jahre 1800 geschenkt bekam, das einzige Buch von meinem Vater, empfand ich – inzwischen über vierzig – eine bittere Trauer: Die Nazis hatten die meisten Nachfahren der Pollocks und Herzls aus dem ehemaligen Österreich-Ungarn als »undeutsches, unwertes Leben« vernichtet. Deutsche Literatur hatte es in dieser Herzlfamilie schon länger von Generation zu Generation gegeben als bei den Duves aus Dassow in Mecklenburg.

Der Onkel gab mir die Adresse seiner Nichte, der einzigen Verwandten, die in Israel überlebt hatte: Viele Jahre später haben sie und ihr Mann meine Familie in Hamburg besucht. Ich bin manchmal bei ihr – hoch über der Küste in Haifa. Sie studiert jetzt wieder, untersucht sprachwissenschaftlich die Probleme der jüdischen Übersetzer im 19. Jahrhundert, die die Texte der deutschen Romantik ins Hebräische übertragen wollten und dafür keine Wörter aus dem Hebräisch des Talmud und der Thora hatten. Ihre Eltern hatten kaum noch etwas mit der Synagoge in Budapest zu tun – im Gegensatz zu den frommen Großeltern. Sie waren ungarische Bürger deutscher Kultur. Im religiösen Sinne waren sie keine Juden mehr.

Erst Hitler und die Verfolgung haben sie wieder herausgezwungen aus ihrer europäischen kulturellen Umwelt. Sie ist als Jugendliche von Budapest über Rumänien nach Palästina gekommen. Auf der Flucht, Jahre vor der Gründung Israels. Sie hat immer links gewählt und sich der Aufklärung verpflichtet gefühlt. Sie ist eine Cousine. Meine Nichte, ihre Tochter, gehört der israelischen Friedensbewegung an. Ihr Sohn ist der orthodoxe Mann im schwarzen Hut.

Nie hat einer der wenigen jüdischen Verwandten mir gegenüber Auschwitz erwähnt oder mich nach dem Wissen darüber in meiner Hamburger Familie gefragt. Ihre Einsamkeit, die Zerrissenheit ihrer Sehnsüchte zwischen Europa, Amerika und Israel, wurde vom Vernichtungsterror der Nazis bestimmt. Bis heute. Ihr Leben, ihre ganze Existenz ist von Deutschland beherrscht worden. Mein deutscher Großvater hat dazu beigetragen. Er hat früh die Nazi-Bewegung unterstützt, deren Ziel Vernichtung war.

Doch, einmal hat die Frau meines New Yorker Onkels Auschwitz erwähnt: Sie war die Tochter eines Rabbiners aus Lodz. Sie war mit ihrer Mutter versteckt in der Nähe des Vernichtungslagers in einem Keller. Darum wurde Auschwitz erwähnt. Von ihrer großen jüdisch-polnischen Familie lebte niemand mehr in Europa. Die meisten waren tot, einige waren in Israel, einige in Kanada. Sie haben mich besucht in Hamburg. Ihren »einzigen Verwandten in Europa«, wie sie lächelnd anmerkte. Sie haben Auschwitz nie wieder erwähnt. Vielleicht hat Agnes Heller, die ungarische Jüdin, die jetzt in New York lebt, recht: »Der Holocaust ist weder zu erklären noch zu verstehen. Er hatte keinen Zweck; er war weder die Befreiung noch ein Ereignis innerhalb einer Kausalitätskette... Er paßt weder in die jüdische noch in die deutsche, schon gar nicht in die allgemeine neuere Geschichte.«[10]

Die Tränen meines Großvaters waren Tränen über das Unglück der Deutschen. Das ist das deutsche Unglück.

Vielleicht haben wir deshalb nie darüber gesprochen. Sie nicht mit mir. Ich nicht mit ihnen.

Jerusalem 1993. »Ja«, sagt der Thoralehrer, »Jericho ist die älteste Stadt, aber für den Frieden müssen wir sie den Palästinensern geben.« Ich streite nicht mit ihm, daß Jericho dem Staat Israel nie gehört hat, er will sich in seiner orthodoxen Gemeinde für den Friedensschluß einsetzen. Er nimmt mich abends nach unserem Treffen mit in die Synagoge. Danach im Taxi zurück in den Ostteil der Stadt Jerusalem. Hotel American Colony. In der Bar die Journalisten aus aller Welt. Wie wird das Abkommen aufgenommen? Alle sind skeptisch. Ein deutscher Nah-Ost-Korrespondent aus Amman ist gekommen. Seine Frau zweifelt an der Ernsthaftigkeit der Israelis: »Die werden doch die Palästinenser wieder über den Tisch ziehen.«

Unsere politische Sprache pflegt Umschreibungen: Ich bin »involviert« oder in der Sprache der Politikverwaltung: »Er hat auch im persönlichen Bereich« damit zu tun. Eine amerikanische Journalistin versteht nicht,

10 Agnes Heller, *Die Weltzeituhr stand still. DIE ZEIT,* 7. 5. 93.

warum ein deutscher Politiker in diesen Tagen nach Israel kommt und warum er dann in der Westbank vor arabischen Studenten der Bir Zeit sprechen will, auf Einladung einer Organisation, die dem Habbash-Flügel näher steht als Arafat. Ich erzähle ihr vom Nah-Ost-Komitee der Sozialistischen Internationale, auf Anregung von Willy Brandt seit Jahren geleitet von »Ben Wisch«, von Hans-Jürgen Wischnewski, der sich seit sehr langer Zeit für den Frieden zwischen PLO und Israel einsetzt. Von unseren Besuchen bei der PLO in Tunis und der dort seit langem erkennbaren Friedenssehnsucht.

Ich erzähle von Gesprächen mit Simon Perez seit 1986 und meiner harschen Kritik an der Siedlungspolitik und dem Einmarsch in den Libanon. Sein weitreichendes Programm für eine allmähliche Integration Israels in die wirtschaftliche und ökologische Realität der Region. Sehr genau erinnere ich mich an den durchdachten Plan, den Perez parallel zum Golfkrieg bereits ankündigte, an dessen Anfang er immer wieder eine notwendig gewordene gemeinsame »Wasserpolitik« gestellt hatte. Er war der erste, der auf eine notwendige Parallelaktion zum sogenannten Helsinkiprozeß verwies, der Willy Brandts »Ostpolitik« als Vorbild für seine »Nah-Ost-Politik« verstand. Ich verweise auf die veränderte Situation, die ich in den zwei vorangegangenen Jahren bei der PLO in Tunis vorgefunden hatte, nach dem Golfkrieg. Und berichte zum Schluß über meinen Verwandten: Der will diesen Frieden, und er sagt, keineswegs seien alle Orthodoxen ablehnend.

Was geht euch Deutsche dieser Friede an? Will die amerikanische Journalistin von mir wissen.

Israel hätte es nicht gegeben ohne Auschwitz. Ursache – Wirkung. Wirkung – Ursache. Sie dürfen nicht durch die Finger der Politiker gleiten wie ewige Gebetsketten. Aber viele Linke in Deutschland haben zu Israel und zu Palästina ein schwieriges Verhältnis behalten. Die Friedlosigkeit seiner Existenz bis heute hat etwas mit der unvermeidbaren Friedlosigkeit seiner Gründung zu tun. Die Vertreibung der Menschen aus Jaffa und aus Haifa hat stattgefunden. Die Unfähigkeit vieler Israelis, sich als Nachbarn der Araber auch mit dem Islam und den arabischen Traditionen zu befassen, stand stets unter dem inneren Hochdruck der Vernichtungsangst. Aber sie ist längst kein hinlänglicher Grund mehr für die strenge Trennung zwischen Arabern und Israelis. Längst ist Israel ein Staat im Nahen Osten geworden, und längst gibt es den Regionalstaat Israel mit seinen Problemen. Der Frieden, der jetzt möglich ist, bindet zum ersten Mal Israel ein in die Region.

Wieder Kopfgeburt. Wenn der »Nah-Ost-Konflikt« dramatisch wurde, spulte in meinem Kopf ein Film ab. Daraus war ein Text zum Golfkrieg entstanden, der im Frühjahr 1991, noch während des Golfkrieges, in einem Sammelband erschienen war. Er trug auch den Titel dieses Buches.[11]

» ... Hier meldet sich in mir das fast schon vergessene Personal meiner Studienjahre. Die pochende Erinnerung daran, daß ›Islam‹ die gleiche Wortgeschichte hat wie ›Shalom‹, daß Islam Friede heißt. Verstummt geglaubte Stimmen im Ohr bitten ums Wort. Du bist mittendrin in dieser Sache zwischen Bush und Bagdad, zwischen Haifa und Hamburg. Ein alter Satz drängt sich wieder nach vorne, geschrieben zur Blitzkriegsbegeisterung der Deutschen am Sechs-Tage-Schießen: ›Wir dürfen jetzt nicht den Arabern Auschwitz in die Schuhe schieben.‹ Hat es noch Sinn, immer wieder daran zu erinnern, daß es bis heute, trotz der antiisraelischen Mas-

11 Aus: *Ich will reden von der Angst meines Herzens*, Autorinnen und Autoren zum Golfkrieg, Luchterhand Literaturverlag, Frankfurt/Main.

senkundgebungen, sicherer ist, als Jude auf Djerba oder in Casablanca zu leben, denn als Jude 1938 im abendländischen Köln oder Hamburg. Ich erinnere mich an keine Bilder aus arabischen Städten, auf denen jüdische Ärzte und Kaufleute die Trottoirs mit Zahnbürsten sauber fegen mußten, wie in Wien, unter dröhnendem Christengelächter.

Ungebührlich zumindest ist es, von der eigenen Befindlichkeit zu berichten, wenn Nacht um Nacht Millionen von Menschen in Tel Aviv, in Bagdad, in Riad aus Angst vor Raketen und Bomben nicht schlafen können, wenn Nacht um Nacht Menschen umkommen, unter Bombenteppichen sterben.

Die Landschaft dieses Krieges ›da unten‹ liegt in meinem Kopf und in meinem Herzen, seit ich erwachsen bin. Jetzt ruft er die Bilder wach und bringt die Menschen wieder vor Augen, die damit zu tun hatten:

Irgendwann, Anfang der fünfziger Jahre, traf ich einen freundlichen klugen Mann. Den ersten Araber meines Lebens. Er stammte aus Ägypten und hatte die Freundin meiner Mutter geheiratet. Nun besuchte er das alte Arbeiterehepaar, seine Schwiegereltern. Die beiden ägyptischen Enkel waren für zwei Jahre bei ihnen untergebracht. Der Mann beeindruckte mich, er war zweierlei: belesen und bescheiden. Er saß in der kleinen Stube und schrieb in fremder Schrift, las in englischen Büchern und war freundlich zu seinen Kindern. Einen solchen Vater hätte ich gerne gehabt. Später wurde er einer der UNWRA-Beauftragten für das Schulsystem in den Flüchtlingslagern der vertriebenen Palästinenser. Er war ein bedeutender Aufklärer, er arbeitete für eine moderne arabische, westlich orientierte Pädagogik: Professor Abdel Aziz Abdel Meguid, Freund und Schüler des großen ägyptischen Philosophen und Pädagogen Taha Hussein und des Nobelpreis-Autors Nagib Mahfouz.

Meguid war ein Ägypter aus der Generation der arabischen Modernisierer. In den Lagerschulen für die Palästinenser, in Jericho und Ost-Jerusalem, hat er nicht den Haß gelehrt, sondern den Aufbruch des Orients und Okzidents in ein gemeinsames Zwanzigstes Jahrhundert. Er war der Vater erster arabischer Schulfibeln nach westlichem Muster. Wer die Rolle des Textes in der Koranschule kennt, kann ermessen, welche Revolution Leute wie Taha Hussein in den zwanziger und Abdel Meguid in den fünfziger Jahren wagten. Meguid ist 1956 in Beirut gestorben. Dieser Krieg ruft die Erinnerung an ihn wach. Denn ich war, Jahre nach seinem Tod, sein Schwiegersohn geworden.

Anfang der sechziger Jahre war viel von dieser Hoffnung auf Modernisierung in Nassers Kairo schon getrübt. Ich lebte eine kurze Zeit dort. Die Militärs und die neue Klasse der uniformierten Parvenus hatten bereits den schmalen Raum der Reformer okkupiert. Vielleicht war es unvermeidbar, aber es ist mitzuverantworten durch den Nachkriegswesten, daß die Modernisierung der neuen arabischen Staaten als östlich orientierte und westlich organisierte Militarisierung des Fortschritts verstanden wurde. Die Helden waren Militärs. Der kalte Krieg des industriellen Nordens hat die orientalischen Militärs gerüstet, mal war es der Osten, mal der Westen. Kenntnis der arabischen Reformer oder gar Verständnis für sie hat sich weder in den USA noch in Westeuropa verbreitet. Als 1988 Mahfouz den Nobelpreis für Literatur bekam, rubbelten die Feuilletonchefs in Westeuropa hilflos die leeren Seiten. Da sollte noch mehr in Kairo sein als Pyramiden und Waffen, als Sphinx und Hunger? ›Man hat den arabischen Völkern nicht erlaubt, eine politische Kultur und eine demokratische Tradition zu entwickeln‹, klagt zu Recht Taha Ben Jelloun, der große marrokanische Autor und französische Literaturpreisträger im Januar 1991. Der Export der Waffen schien dem Westen lukrativer als der demokratische Disput über den Humanismus der Religionen: Der Export der Waffen und des Antiimperialismus schien dem Osten Moskaus mehr Erfolg zu versprechen als der demokratische Dialog.

So meldet sich in meinem Kopf ein ganz anderer älterer Mann, dem ich 1960 in Kairo begegnet war, wenn ich jetzt von den arabischen Jubelschreien über die Scudtrümmer auf den Straßen von Tel Aviv lese: ein Deutscher, der Ende der fünfziger Jahre aus Argentinien nach Ägypten geflohen war, Johannes von Leers. Nicht nur Symbol der von uns bis heute nicht verarbeiteten Nazi-Interessen einer ganzen Reihe von Mächtigen in Kairo, in Damaskus und Bagdad. Johannes von Leers hatte einen arabischen Namen angenommen und lehrte als verzückter Judaismuskenner und entrückter Judenhasser die Geschichte der Juden an einem Propaganda-Institut der Ägypter. Zugleich half er bei Aufputschsendungen gegen Israel. Reichsstudentenführer bei den Nazis, schwärmte er mir von den Neo-Nazis der sechziger Jahre in der Bundesrepublik vor. Ein Verrückter? Jedenfalls ein deutscher Nazi, der den Arabern den Haß auf die Juden beibringen wollte. Ich habe ihm beim Tee aus zerbrechlichem Meißener Porzellantäßchen zugehört, wie er begeistert davon erzählte, daß neue Nazis in Köln jüdische Grabmale geschändet hatten. Er lebte in den Möbeln, die seine Hamburger Ehefrau auf der skurrilen Flucht von Berlin über Buenos Aires nach Kairo mitgeschleppt hatte. Er war nicht der einzige, der den Haß der Nazis weiterpredigte. Bis heute sollen Nazis in Damaskus und in Bagdad leben: Mengeles bei den Arabern. Von Leers hat mitgeholfen, die tief verwurzelte religiöse Toleranz des aufgeklärten Al Azhar-Islams im Kairo der sechziger Jahre zu zerbröseln. Gamal Abdel Nasser hatte diesen Nazilehrer eingestellt und zugleich dem verstorbenen Aufklärer Abdel Meguid ein Staatsbegräbnis bereitet.

Sieht man beides, dann liegt darin die säkulare Leistung Anwar Al Sadats: Im Geist der Aufklärer hat er den Friedensvertrag geschlossen. Im Ungeist des Hasses ist er erschossen worden.

Die melancholischen Besuche im kleinen jüdischen Ghetto in Kairo werden wieder wach. Bedrückt, aber nicht verfolgt lebten die Juden dort im Ungewissen weiter. Auch in Marokko und Tunesien bin ich immer wieder durch die Haras gegangen, die uralten jüdischen Viertel des Maghreb – dem Scheich Sidi Mahrez, der am Ende des 10. bis weit ins 11. Jahrhundert herrschte, wird die Gründung der jüdischen Hara in Tunis zugesprochen. Ende der fünfziger Jahre leerten sich langsam die jüdischen Viertel Nordafrikas. Aber noch war das städtische Bürgertum geprägt von engen Freundschaften zwischen Juden, Arabern und Franzosen. Der Golfkrieg ruft Bilder von lange vergessenen Freunden wach – jetzt wohnen sie in Paris oder in Tel Aviv. Aber auch heute noch leben, inmitten des durch den Golfkrieg erzeugten Hasses, Juden in Casablanca und Tunis, geschützt durch die dünn gewordene Folie der islamischen Toleranz, der ihre Vorfahren ein besseres Los verdankten, als es ihren unglücklichen Verwandten in Rußland oder in Polen bereitet wurde, oder ihren Glaubensgenossen in Auschwitz. Ein französischer Journalist zitiert im Nouvel Observateur Anfang Februar 1991 einen Juden aus Casablanca, der die Begeisterung seiner arabischen Bekannten über die irakischen Scuds versteht und dem einer von ihnen Mitgefühl ausdrückt für das Schicksal seiner Verwandten in Tel Aviv.

Die vertrauten Besucher meiner Seele lassen sich nicht verdrängen. Was die arabisch-islamische Welt an sehr konkreten Bindungen und Freundschaften in dem damals jungen Historiker, der neugierig 1958 zum ersten Mal nach Tanger gegangen war, hinterlassen hat, dem entsprach eine selbstgebaute innere Welt des Judentums. Im alten Chechauen hatte ich mir eine bronzene Chanucka-Lampe gekauft.

Nach meiner Rückkehr aus Israel Mitte Januar 1991 nach Bonn erhalte ich einen wüsten Schmähbrief: Duve sei nicht Duve, Duve hieße in Wahrheit Herzl und habe sich in das Bonner Parlament eingeschlichen unter falschem Namen. Duve gehöre zu den jüdischen Verbrechern, die immer wieder die Araber unterdrückten. Ein feiger Brief, er war mit gefälschtem Absender geschickt worden.

Meine Cousine und ihr Mann ziehen jetzt (1991) Nacht um Nacht in die ausgeklebte gassichere Kammer, sobald der Scud-Alarm beginnt. Ausgleich mit den Arabern war ihr Credo, darauf nehmen die Scuds und deren Absender keine Rücksicht. Die beiden inzwischen alten linken Aufklärer schon der fünfziger und sechziger Jahre, die an einen weltlichen Staat Israel glauben, melden sich jetzt konkret, wenn ich abends in Haifa anrufe und übers Telefon im Hintergrund die Sirene mit dem gleichen klagenden Ton höre, wie ich sie aus den Hamburger Bombennächten von 1943 erinnere.«

Krieg in Algerien oder das
Ende der Dritten Welt

*»Ich glaube nicht, daß die Erinnerung in
irgendeiner Weise politisch ist. Die Erinnerung gibt dem Leben seinen Sinn...
sie ist... eine Frage des Gewissens und
keine Frage der Anschauungen.«* Andrzej
Szczypiorski

Candide und Martin der Manichäer. Daß Candide seine Kunigunde nach all den Irrfahrten dann
doch endlich gefunden hat, diese glückliche Wendung
im satirischen Leben dieses Aufklärungs-Touristen aus
dem achtzehnten Jahrhundert, hatte Voltaire zu meinem ersten ausländischen Lieblings-Autor gemacht.
Daß Candide in Paraguay dem Vater seiner Kunigunde
den Degen in den Leib stieß, dessen Jesuitenuniform
anzog und sich aus dem Staube machte, trübte meine
Begeisterung kaum. Die kleine in Pappe gebundene
Reclam-Ausgabe stand bei den Büchern meiner Mutter.
Ich hätte es natürlich viel lieber gehabt, wenn dieser
naive kluge Held aus Hamburg gestammt hätte. Nun
also der Reihe nach: Candide wurde mein Held, weil er
in die Welt hinauszog, auf der Suche nach der Familie.
Er wurde mein Held, weil er in all den fernen Ländern
es immer wieder schaffte, sich aus unmöglichen Lagen
zu befreien, weil er an das Gute glaubte und dem Bösen

61

immer wieder in die Quere kam. Ein satirischer und ein philosophischer Held, vor allem aber ein aufregend touristischer Held. Er kam durch die Welt. Und er war ein Deutscher. Beschrieben von einem Franzosen. Ich hatte das Buch mit elf Jahren zuerst wie ein Märchen gelesen, lange bevor ich mehr über den Autor und die Aufklärung lernte. Und dann kam hinzu, daß dieser ein so spannungsgeladenes Verhältnis zu Friedrich dem Großen hatte, den Helden meines Nazi-Großvaters, der Frankreich verachtete. Candide reist und philosophiert mit dem Manichäer Martin, der die Welt aus zwei Prinzipien gemacht sieht, dem Guten und dem Bösen. Das fand ich einleuchtend. Denn zum Schluß blieb immer die Hoffnung.

Ausland. Vielleicht ist das für Kriegskinder die wirkliche Welt. Wenn der Krieg die eigene so unwirklich gemacht hatte. Wir kannten »Ausland« bis 1950 nur aus Erzählungen. Aus dem Ausland waren nach Hamburg während des Krieges drei Dinge gekommen, die Bomben von oben, die Feldpostbriefe aus Rußland und die Pakete von den Soldaten aus Frankreich. Zu meiner Mutter waren nur die Bomben gekommen, eine in ihr Büro in der Stadt, eine andere in die Dachschräge ihrer Schlafkammer. Wir hatten keinen »Soldaten« an der Front. Prügel hatte ich von der Heimleiterin im Kinderheim bekommen, weil ich einen Jungen überredet hatte, mir von den Rosinen abzugeben, die dessen Vater aus Frankreich geschickt hatte. Dem Sohn eines Soldaten hatte ich etwas abgeschwatzt. Dafür gab es Strafe.

Da mein Großvater über die Franzosen nur geschimpft hatte, mußte Frankreich ein wunderschönes Land sein. Da meine Mutter Englisch sprach und von England schwärmte, mußte auch England großartig sein. Ausland, das war der Traum, Ausländer, das waren spannende Leute. Der gleichaltrige Autor Hubert Fichte hat in seinen späteren Büchern ausgedrückt, wie stark diese Sehnsucht der Kriegskinder eine ganze Generation geprägt hatte.

Genau zweihundert Jahre nach Erscheinen des *Candide* (1759) war ich auf dem Flugplatz von Tunis gelandet. An meiner Universität Hamburg lehrte Egmont Zechlin »Überseegeschichte«. Er hatte sich mit seinem Kollegen Fritz Fischer auf einen Streit über die Schuld am Ausbruch des ersten Weltkrieges eingelassen. Ein fast schrulliger Mann, der die Welt gesehen hatte. Nur ein einziges Mal gab es offenen Streit in seinem Seminar: Er verteidigte die SS, denn er hatte für sie während des Krieges Seminare über Afrika veranstaltet. (Die SS sollte als Elitetruppe in Ostafrika landen, Afrika von den Nazis neu kolonisiert werden.) Zwei seiner Studenten protestierten. Wir verließen im Zorn den Seminarraum. Er entschuldigte sich, nicht gerade überzeugend, aber wir akzeptierten mehr oder weniger die Entschuldigung des Professors. Wir waren noch nicht die APO, wir wollten studieren: alles, was zu tun hatte mit der Weite der Welt.

Damals, 1956, war sie entstanden, die Dritte Welt. Auf der Konferenz in Bandung taten sich Indiens Premier Pandit Nehru und Jugoslawiens Marschall Tito zusammen. Unabhängig von Moskau und Washington, weder Ost noch West, empfanden sie sich als Dritte nach der Ersten und Zweiten Welt. Ohne diese Geburt des Konzepts »Dritte Welt«, getragen von Indien, das sich vom britischen Weltreich befreit, und Jugoslawien, das sich aus der stalinschen Klammerung gelöst hatte, wären die afrikanischen Kolonien nicht unabhängig geworden.

Überseegeschichte, dieses Fach war ein Überbleibsel der Gründungsphase der Hamburger Universität, die erst während des I. Weltkrieges als kolonialpolitisches Forschungsinstitut gegründet worden war. Jetzt betrieben wir »Überseegeschichte«. Ein Kompromißwort zwischen dem ehrlicheren »Kolonialgeschichte« und dem neuen »Dritte Welt«. Der Begriff »Nord-Süd-Konflikt« sollte sich erst in den siebziger Jahren durchsetzen. Gemeinsam mit einem indonesischen Kommilitonen arbeitete ich an einer Studie über die Vorbereitungen der Japaner für den Überfall auf Indonesien. Lernte, wie intensiv dieser japanische kaiserliche Imperialismus sich auf künftige Eroberungen vorbereitete. Unter welch abenteuerlichen Vorwänden die japanischen Universitäten plötzlich anfingen, sich für Islamkunde zu interessieren, eigene Studenten nach Kairo schickten, die dort Arabisch und Islam an der Al Azhar Universität belegten. Wie das Personal im japanischen Konsulat in Batavia in wenigen Monaten verdreifacht wurde. Und wie zugleich die Ölförderung Borneos ausgeforscht werden mußte. Für den Krieg brauchte Japan das indonesische Öl. Dafür war es auch bereit, die javanische Unabhängigkeitsbewegung zu unterstützen.

Am Historischen Seminar ermunterte man mich auch zu einem anderen Thema: einem Vergleich der spanischen mit der französischen Kolonialpolitik in Marokko.

Da ich mir Geld für mein Studium verdienen mußte, arbeitete ich als Reiseleiter in den Semesterferien in Spanien und Nordafrika. Darum die Landung in Tunis.

So geriet ich in diese neue Dritte Welt durch Studium und Ferienjobs. Auch durch Neugier. Gleich zu Beginn.

Der reale Krieg – der den Koreakrieg abgelöst hatte – tobte in Nordafrika. Der Aufstand der Algerier und die Unabhängigkeit Tunesiens und Marokkos regelten das Verhältnis Europas zum Maghreb neu. Das waren andere Kriege als der meiner Kindheit in Hamburg. Wir lasen davon in Zeitungen, Fernsehen gab es noch nicht. Der Aufstand in den algerischen Städten, der Maquis im

Süden des Landes. Wir hörten von deutschen Fremdenlegionären, die dort von den Franzosen eingesetzt wurden. Das geliebte Frankreich stand im Krieg. Moralisch auf der falschen Seite, wie ich vermutete.

Die Ohnmacht des Albert Camus. Camus hatte noch davon geträumt, daß Algerier und Franzosen das nachkoloniale Algerien gemeinsam aufbauen. Algerier genug, um auf der Seite der Moslems zu sein, Franzose genug, um niemanden vertreiben zu wollen. »Ich bin dem Elend in Algerien schon in jungen Jahren begegnet und habe vergeblich Warnung über Warnung vorgebracht; der Verantwortung meines Landes bewußt, kann ich keine Algerienpolitik billigen, die mit Hilfe der Unterdrückung eine Beibehaltung des Status quo anstrebt. Aber da ich das algerische Problem seit langem in seiner Wirklichkeit kenne, kann ich auch eine Politik der Abdankung nicht billigen, denn sie würde das arabische Volk einem noch größeren Elend überantworten, die Algerienfranzosen ihrer jahrhundertelangen Verwurzelung entreißen...«[12]

Der Schriftsteller Camus stand zwischen den Fronten. Er forderte das Ende der französischen Herrschaft über Algerien, und zugleich erhoffte er sich eine gemeinsame Zukunft Frankreichs und Algeriens. Vor allem aber ein künftiges Zusammenleben von Algeriern und Franzosen in Nordafrika. Er war kritisch gegen die einfache Formel des Befreiungskrieges: Dieser sei Teil eines weltweiten »antiimperialistischen Kampfes«, dessen Energie letztlich aus der siegreichen Oktoberrevolution stammte und die nun auf die armen Völker der großen Kolonialreiche übergriff. Der auch aus Algerien stammende Frantz Fanon hatte am Beispiel des Aufstandes der

---

12 Aus dem Vorwort zur »Algerischen Chronik«, in: Albert Camus, Fragen der Zeit, Rowohlt 1960, S. 143 ff

Madegassen gegen Frankreich 1947 diese Grundformel als einzigen Weg auch für Algerien gesehen. Camus glaubte noch an ein Zusammengehen der Franzosen und Algerier. Der Konflikt bündelte mein Thema: Ist das Zusammenleben verschiedener Gruppen möglich, die die Geschichte – die Eroberungs- oder die Elendsgeschichte der Kolonialzeit – zusammengewürfelt hatte? Erst in Nordafrika, dann am Beispiel Südafrikas und Rhodesiens. Immer wieder kehrte ich zu dieser zentralen Frage zurück: Segregation oder Integration. Die Vertreibung und Vernichtung der Juden aus Europa, die Fremdheit des »anderen Zigeunerkindes« in der eigenen Familie – das alles hatte das Lebensthema bestimmt.

Bis heute. Kulturen des Zusammenlebens, oder der Terror des Auseinandersprengens. Heute das Weltthema. Ende der fünfziger Jahre eher eine Randfrage am Ende des Kolonialismus.

Damals hatte der ohnmächtige Schriftsteller Albert Camus, verbittert über Linke wie Rechte und verzweifelt über den Terror der FLN und den Gegenterror des französischen Staates, notiert: »In allen Lagern verändert der Terror für die Dauer seiner Herrschaft die Ordnung der Begriffe. (...) Die Vergeltungsmaßnahmen gegen die Zivilbevölkerung und die Anwendung von Folter sind Verbrechen, für die wir alle haften.« Die französische Demokratie hatte Folter anwenden lassen und als Abwehr des FLN-Aufstandes gebilligt. »Daß diese Taten bei uns geschehen konnten, ist eine Demütigung. Vom Augenblick an, da man (die Folter) selbst indirekt rechtfertigt, gibt es weder Regel noch Maß mehr, dann ist die Sache eines jeden gleich viel wert, und der ziel- und gesetzlose Krieg besiegelt den Triumph des Nihilismus.«[13]

Kein Autor der fünfziger und sechziger Jahre hat so verzweifelt und auf verlorenem Posten die Perspektiven

13 Camus, a.a.O., S. 145

des Terrors beschrieben wie Camus – die Aussicht, daß der Terror allen Seiten, auch den Schwachen, die moralische Position raubt, deretwegen sie zu den Waffen gegriffen hatten: »Wir müssen mit gleicher Kraft und unumwunden den Terror verurteilen, wie ihn die FLN den französischen Zivilisten und in noch größerem Maß den arabischen Zivilisten gegenüber ausübt. In der Form, in der hier (Terror) geübt wird, hat keine revolutionäre Bewegung ihn je gestattet, und die russischen Terroristen von 1905, zum Beispiel, wären eher gestorben (sie haben es bewiesen), als sich dazu zu erniedrigen.«[14]

Was geht uns heute dieser längst vergessene Krieg an, uns Europäer, gar uns Deutsche?

Der Algerienkrieg – im Rückblick – war ein Krieg am Südrand Europas, kein abstrakter »Krieg der III. Welt«. Er galt uns als ein »logischer«, global abstrahierbarer Krieg – eben der Aufstand der »Verdammten dieser Erde«, der damnés de la terre, wie Frantz Fanon es genannt hatte. (Sein Buch war in den sechziger Jahren bei rororo-aktuell mit einem programmatischen Vorwort von Sartre erschienen.) Haben wir wirklich diesen Konflikt richtig gedeutet, was war an ihm globale Antwort auf die koloniale Unterdrückung durch die global operierenden Europäer, was ein regionaler Konflikt zwischen Frankreich und Nordafrika? Theoretiker und Schriftsteller haben den Befreiungskriegen die *soft ware*, die Sprache und die geistige Schlagkraft vermittelt, haben das Wort »Dritte Welt« zu einem Theorem veredelt, Moskaus und Prags Rüstungsfabriken haben den Kämpfern die *hard ware* geliefert. Diese haben zugleich auch immer ihre Interessenpolitik organisiert. Heute wird mit sehr ähnlichen Argumenten und Terrorformen in der Osttürkei zwischen Kurden und türkischem Staat gekämpft.

14 ebenda

Ich erinnere daran, weil auch damals aus Reformunfähigkeit, unbeugsamer Staatstheorie Frankreichs und globalem Revolutionsanspruch ein Gewaltgemisch entstanden war, das den später unabhängigen Staat Algerien nie hat zur Ruhe kommen lassen.

Dreißig Jahre nach dem Frieden von Evian, der großen Leistung des Generals de Gaulle, ist wieder Bürgerkrieg in Algerien. Jetzt zwischen dem aus der Revolution hervorgegangenen Militärregime und der neuen fundamentalistischen Bewegung, die von außen, von Saudi-Arabien und vom Iran, unterstützt wird. Algerier gegen Algerier.

Im Frühjahr 1991 versuchten einige Außenpolitiker der SPD, die in den arabischen Staaten durch den Golfkrieg entstandene Situation zu erkunden. Ich fuhr nach Algerien und sprach mit Vertretern der Regierung. Ich bat auch um ein Gespräch im Hauptquartier der FIS – der radikalen, inzwischen verbotenen fundamentalistischen Bewegung. Es war ein entspanntes Gespräch, bisher waren die freundlichen, modern gekleideten jungen Männer, die sich so aufgeschlossen gaben, nicht von europäischen Parlamentariern besucht worden. Aber das Gespräch machte mir angst: Das waren Leute, die keinen verfassungsmäßigen Pluralismus dulden mochten, die zwar jeden direkten Kontakt zum Iran oder Saudi-Arabien leugneten, die sich aber auf eine neue weltweite, nun islamische Revolution beriefen.

Heute wird gekämpft in Algerien – es ist wieder Bürgerkrieg. Heute wird geflohen aus Algerien – wieder nach Europa, wie schon einmal vor drei Jahrzehnten.

Der Kampf der Algerier war zum Sinnbild dessen geworden, was seit 1956 die Dritte Welt genannt wurde – der leninistische Traum, die höchste Stufe des Kapitalismus – den Imperialismus – zu bekämpfen. Schleier und die Verbeugung nach Mekka spielten bei diesem Krieg der 50er Jahre in Nordafrika keine Rolle. Der Algerienkrieg war ein Krieg der modernen Algerier. Sie hatten die Modernität Europas im Kopf und die völlige Unabhängigkeit – die Selbstbestimmung im Herzen. Für die Religion war damals kein Platz. Der Bürgerkrieg, der jetzt in den neunziger Jahren Algerien lähmt, nimmt seine *soft ware* aus dem umprogrammierten Koran und seine *hard ware* von allen, die ein Interesse daran haben, die Entwicklung einer modernen laizistischen Demokratie in Algerien zu verhindern.

Das koloniale Oberklassengefühl der »pieds noirs« in den fünfziger Jahren, auch das der armen Franzosen in Nordafrika, die Formen des Krieges, wie sie vom französischen Staat gebilligt wurden, aber auch die Terrorformen der FLN (der algerischen Befreiungsbewegung) hatten von vornherein die Hoffnung des Albert Camus auf eine Lösung der Zivilität, der gemeinsamen Zukunft zunichte gemacht.

Mein eigenes Denken blieb stark vom Algerienkrieg und von dieser Camus-Hoffnung geprägt: Es muß doch möglich sein, etwas Neues, Gemeinsames gegen den Terror zu schaffen, ohne Vertreibung eines wichtigen Teils der Bürgerschaft. Camus hatte sich gründlich getäuscht. Im Rückblick scheint es fast logisch und kaum vermeidlich, daß heute aus Algerien europäische Facharbeiter durch Mordterror vertrieben werden. Aber die damals ausgesprochene Warnung zumindest sollte heute wieder ernstgenommen werden.

Nachbarn am Wadi, Datteln aus Algier.   Wie war ich in all das hineingeraten? Nicht durch Camus, den ich erst 1960 lesen konnte. Sondern durch meine Nachbarn in Tunesien, wo ich im März 1959 bis zum September als regionaler Repräsentant der Touropa gearbeitet hatte.

Frühmorgens kam der Mann mit den Eseln und zwei Kamelen den ausgetrockneten Wadi herunter, setzte sich an den Strand, holte die Holzkohle aus der Eselstasche. Er kochte Tee über einer Kuhle, die er sich gescharrt hatte. Die vier Esel und die zwei Kamele grasten an den Grünresten des trockenen Flußbettes. Manchmal setzte ich mich zu ihm. Er sprach kein Französisch. Ich kaum Arabisch. Gegen neun Uhr ging er weiter auf den Markt von Nabeul, der kleinen Stadt in der Nähe Hammamets, wo ich im Sommer 1959 wohnte.

Eines Morgens setzten sich zwei Männer zu uns. Auch sie schwiegen eine Zeit und blickten zur aufgehenden Sonne übers Meer. Nach einer Stunde Schweigen stellten sie sich vor. Sie waren meine Nachbarn auf der anderen Seite der Wadi-Mündung. Auch sie wohnten in einer Art Gartenhaus wie ich. Sie seien marokkanische Kaufleute, die hier an den Strand immer wieder zur Erholung kämen. Das Hauptbüro sei in Casablanca, eine Filiale in Tunis.

Sie sprachen das Französisch der gebildeten Leute. Am nächsten Tag kamen sie zu mir. Sie luden mich ein ins Hotel zu einem Glas Wein. Ja, sie hätten in Frankreich studiert, über ihre Handelsgeschäfte machten sie vage Angaben. Da sie mich fragten, ob in Deutschland Baudelaire gelesen würde, fand ich die Begegnung mit ihnen ungewöhnlich. Wir verabredeten uns auf einen Abend, an dem ein großes Fest in Nabeul geplant war. Ich ging mit einigen meiner Touristen dorthin. Wir saßen im Freien im Innern der alten Stadt, damals noch eine Art Festung.

Am nächsten Tag waren sie fort. Erst nach einigen Wochen kamen sie wieder. Diesmal waren sie sechs Leute. Sie hatten neue Autos. Wir fuhren zusammen nach Tunis, nach Sidi Bou Said. Nein, zu Hause, in Marokko, seien sie nicht gewesen. In Europa, auf Geschäftsreise. Am Abend gab es eine Feier in ihrem Häuschen. Es gab Datteln. Die waren in Zeitung gewickelt. Und fast ehrfürchtig nahm jeder einige Datteln. Mir wurden welche angeboten. Nimm. Tunesische Datteln schmecken doch nicht. Diese sind von zu Hause.

Die Zeitung war aus Algier. Die Datteln und die angeblichen marokkanischen Kaufleute auch. Die Männer gehörten zum politischen Arm des Guerillakriegs, der sich im tunesischen Exil gebildet hatte. Es waren Leute der Exilregierung von Ferhat Abbas. Einige waren im »Maquis« gewesen. Kämpfer der FLN.

Sie entschuldigten sich für das Versteckspiel.

So blieb ich vier Monate ihr Nachbar. Einmal kam einer von ihnen. Er wolle mit mir sprechen, aber nicht im Haus. Auf dem langen Weg am Strand erinnerte er mich an eine Bemerkung, die ich eines Abends über das wunderbare Klavierspiel eines Hamburger Freundes gemacht hatte, der, statt auf die Musikhochschule zu gehen, nun Bankkaufmann geworden sei. Wo dieser Freund nun lebe, und bei welcher Bank er arbeite. Eine merkwürdige Frage des algerischen Freiheitskämpfers am Strand von Hammamet. Ich nannte ihm weder Stadt noch Bank, wollte aber wissen, warum ihn dies interessiere. Wir brauchen Einsicht in Schweizer Konten. Wir müssen wissen, wer aus Algier Geld in die Schweiz überweist.

Ich war verblüfft über diese Naivität. Dies war der Mann, der mir von seinem Philosophiestudium an der Sorbonne erzählt hatte. Und davon, wie Fremdenlegionäre seine Mutter und seine beiden Schwestern umgebracht hätten und daß diese Vergewaltigungen und Morde für ihn der Auslöser gewesen seien, aus Frankreich fort und in den Maquis zu gehen. Und jetzt wollte er von einem Geschichtstudenten aus Hamburg Informationen über Schweizer Nummernkonten bekommen. Aber im Rückblick erscheint diese Szene mir heute wie ein Vorsignal auf Terrormethoden der neunziger Jahre. Die Globalität des Geldverkehrs ruft Wahnideen globalen Terrors wach.

Eines Tages habe ich einen Freund von ihnen – er kam aus einem der FLN-Lager nördlich von Tunis –

mit meinem Auto nach Libyen mitgenommen, wo –
wie man mir sagte – für seine ärztliche Betreuung ge-
sorgt werde. Ich lieferte ihn jenseits der tunesisch-liby-
schen Grenze ab. Auch dort im Königreich Libyen gab
es Lager der FLN.

Miniszenen in der Erinnerung. Die Erzählungen meiner Freunde über die Brutalität französischer Soldaten
– und die Verwundung dieses jungen Mannes, er nannte
sich Slim, auch seine verstörte Sprachlosigkeit während
der langen Fahrt in den Süden, irritierten mich. Die Berichte über Grausamkeiten mochte ich nicht glauben.

Gelegentlich besuchte mich eine Ärztin mit ihren jüngeren Geschwistern. Sie kamen aus Tunis. Französische
Staatsbürger jüdischen Glaubens – heiter meinten sie,
ihre Familien lebten schon länger in Tunis, als es den Islam gebe. Aber einige Tanten seien nun nach Frankreich
gegangen und ein Onkel sogar nach Israel.

Ihr Vater war ein bekannter Neurologe in Tunis – er
lebte mit der Großfamilie in einem alten türkischen Pa-
last in Sidi Bou Said. Sie kamen immer wieder. Sie
konnten schwer glauben, daß es Deutsche gab, die sowohl Nazis wie auch Juden in der Familie gehabt hatten. Die Angst vor den Deutschen hatte ihr Leben im
Zweiten Weltkrieg bestimmt.

Der Mann dieser Ärztin war französischer Soldat.
Eingezogen in Algerien. Er kämpfte gegen die Soldaten
meiner Nachbarn. Manchmal kam er auf Urlaub – ein
zarter blasser Akademiker, klug und melancholisch. Er
kam aus dem Guerillakrieg, er kam aus dem Terror, er
wußte, daß französische Soldaten folterten. Und er wußte, daß die Zahl der algerischen Kriegsflüchtlinge in seiner Heimat Tunesien inzwischen zehn Prozent der Ge-
samtbevölkerung ausmachte.

Immer noch mochte ich nicht an die Greuel glauben,
die mir von beiden Seiten geschildert wurden – und immer noch mochte ich mich nicht eindeutig auf die Seite
des Maquis, der FLN stellen.

In Wahrheit hatte ich wenig Zeit für Freizeitpolitik. Im Jahr zuvor war ich den Sommer über als Reiseleiter in Marokko gewesen, in Tanger. Betreuung deutscher und schwedischer Touristengruppen in Tanger, Rabat, Fes und Meknes. Ich hatte mich wieder eingelesen in das Thema der wissenschaftlichen Arbeit über die sogenannte Reconquista, die »Wiedereroberung« Spaniens durch die christlichen Soldaten. In der alten Stadt Fes war noch die Erbschaft der andalusischen Kultur zu spüren, und so predigte ich meinen nordeuropäischen Gästen wieder und wieder: Islamische Kultur hat es in Spanien achthundert (!) Jahre gegeben. Länger als bisher die hispanische in Lateinamerika, mehr als dreimal so lange wie die nordamerikanische Demokratie. Das war kein kolonialer Kurzausflug einiger strategischer Planer in Mekka oder Medina gewesen, es war die Ausbreitung einer religiösen Kultur. Und sie hatte ihre regionalen Prägungen. Sie war in Granada anders als in Ägypten, in Syrien anders als in Persien, in Indien anders als in Anatolien.

Ich hatte in Tanger und auf den vielen Reisen durchs Land nur wenige Bücher bei mir: Zwei habe ich bis heute: *Emile Dermenghem: Les Plus Beaux Textes Arabes*, Paris 1951 und *André Chouraqui, Les Juifs D' Afrique Du Nord*, Paris 1952. Vorsichtig datiert Chouraqui die ersten jüdischen Siedlungen im Maghreb auf die Zeit der Gründung Karthagos und zitiert den großen arabischen Gelehrten Ibn Khaldoun, der die Legende erzählt, wonach die berberischen Stämme des Maghreb Kinder Kanaans aus dem alten Israel seien. Jedenfalls machten mich die jüdischen Tunesier, die sich traurig auf die Auswanderung vorbereiteten, immer wieder darauf aufmerksam, daß ihre Vorfahren über tausend Jahre vor dem Islam im Maghreb gesiedelt hätten. Die wunderbare Sammlung Emile Dermenghems bietet Texte aus dem sechsten bis zum zwanzigsten Jahrhundert. Auch die FLN-Freunde freuten sich an diesem Buch und waren stolz auf ihre großen islamischen Schriftsteller, präsentiert von einem französischen Wissenschaftler.

Daß es dreißig Jahre später in Algier zur Jagd auf arabische Intellektuelle und zum Terror gegen Schriftsteller kommen würde, wäre damals keinem der modernen Algerier je in den Sinn gekommen. Diese algerischen Intellektuellen sahen sich auf dem Weg in die Moderne, und sie konnten sich diese Moderne nur schwer ohne Austausch mit der französischen Kultur vorstellen. Aber die Ideologisierung der realen Konflikte durch den kalten Krieg, die politisch-ideologische Führungsrolle, die die FLN später für die ganze Dritte Welt anstrebte, hatten den intellektuellen Dialog zwischen Westeuropa und dem modernen islamischen Nordafrika unmöglich gemacht.

1959 war Tunesien gelähmt vom Krieg nebenan. Es wollte gute Beziehungen zu Frankreich, zugleich litt es unter dem Konflikt um den Hafen von Bizerte. Und mußte Zehntausende von FLN-Kämpfern in Lagern beherbergen.

Eines Tages im Herbst wollte ich mit den Touristen in die Stadt, es sollte die große Parade der kleinen Armee zum Unabhängigkeitstag gefeiert werden. Morgens hörte ich Radio: Die Parade war abgesagt worden. Ohne Grund. Ich fragte den Hotelier, sein Vater war Staatssekretär im Gesundheits-Ministerium. Wir sind im Krieg, sagte er: Westlich von Kairouan hatten am Vortag algerische FLN-Soldaten tunesische Truppen angegriffen. Dieser Konflikt durfte nicht in den Zeitungen erwähnt werden. Er durfte öffentlich gar nicht stattgefunden haben, denn es gab ja eine unverbrüchliche Freundschaft zwischen den beiden Befreiungsbewegungen. Zwischen dem tunesischen Präsidenten Bourguiba und der kämpfenden FLN. Aber die Parade mußte abgesagt werden, die Armee war klein, das Land war übersät mit Flüchtlingscamps und mit FLN-Einheiten. Alarmbereitschaft. Soweit ich übersehen kann, ist dieser Kampf nie öffentlich geworden. Aber er hat in mir eine Spur hinterlassen: Konflikte mit Waffenbrüdern, wenn die einen kämpfen und die anderen das Land aufbauen wollen. Die Libanon-Konflikte mit der PLO oder das Drama Jordaniens sind spätere Beispiele.

Als Reiseleiter und als Geschichtsstudent war ich nach Nordafrika geraten. Weit mehr an Fragen der gemeinsamen Religionsgeschichte der Juden und der Moslems interessiert als an der Politik. Aber die Politik holte mich ein. Zurück in Deutschland, waren es wieder Bücher, die bestätigten und bündelten, was ich an Erfahrungen und eher vagen Vorstellungen mitbrachte. Diesmal sehr aktuelle französische Berichte vom Krieg: Das Buch von Jean-Jaques Servan Schreiber, *Leutnant in Algerien*, das ich nach der Rückkehr in Hamburg las, und der damals sensationelle französische Bestseller *Schicksal Algerien* von Jules Roy. Beide Bücher bestätigten all das, was mir die Algerier am Strand von Hammamet erzählt hatten, was ganz und gar nicht zu meinem Demokratie-Ideal und in mein idealisiertes Frankreichbild paßte: Auch die Demokratie konnte foltern lassen. Der Nachweis in diesen beiden Büchern, daß die französische Armee die Folter systematisch angewandt hatte, war wie ein Schock. Und der war zugleich heilsam, denn ich konnte dabei verfolgen, welche Rolle kritische aktuelle Streitschriften von Intellektuellen für die politische Diskussion der Demokratie spielen konnte. Ohne diese selbstkritische und selbstanklägerische Literatur wäre es in Frankreich nicht so rasch zum Frieden gekommen.

Was Jahre später amerikanische Intellektuelle schafften, die kritische und selbstkritische Diskussion über den Vietnamkrieg, das hatten zuvor der junge Soldat und Journalist Servan-Schreiber und Jules Roy, der ehemalige Berufsoffizier und Freund Albert Camus', nach sechs Jahren Algerienkrieg geleistet. Sie beeinflußten die öffentliche Meinung ihres Landes. Und General de

Gaulle führte sein Land aus diesem Krieg heraus. Der Traum von Camus erfüllte sich nicht. Frankreich und Algerien blieben nicht verbunden, sie trennten sich mit dem Frieden von Evian.

Die Massenauswanderung der französischen Siedler war die zwingende Folge. Kein Gedanke an die Chance der »multikulturellen« Koexistenz. »Im Westen nichts Neues« – das war der große kriegskritische Roman der Deutschen gewesen, seine Wirkung hat nicht gereicht. Die Wechselgeschichte von literarischer Kriegskritik und Demokratie muß wohl immer wieder neu geschrieben werden. Das unabhängige Algerien selber hat eine solche selbstkritische Literatur verständlicherweise nicht entstehen lassen, ein Erbe der Gewalt, die drei Jahrzehnte später aufs neue explodiert.

Südafrika 1960.   Das Entlassungsjahr für die meisten afrikanischen Staaten aus der kolonialen Abhängigkeit, 1960, war im Rückblick ein fast friedliches Freiheitsfest – Präsidenten und Könige aus Europa übergaben die Macht freiwillig an afrikanische Politiker: Große Persönlichkeiten wie Kwame Nkrumah in Ghana, Julius Nyerere in Tanganyika, Leopold Senghor im Senegal prägten das Bild von Afrika. Einzig Belgien mißlang die friedliche Freiheit: Gleich zu Beginn kam es im Kongo – dem heutigen Zaire – zu blutigem Streit.

War Koexistenz überhaupt möglich? Gab es Chancen für Gesellschaften, in denen die Nachkommen der Eroberer und der Eroberten friedlich zusammenbleiben konnten? Ich hatte mich für ein Forschungsprojekt in einem überschaubaren Land entschieden: Süd-Rhodesien, das heute Zimbabwe heißt. Seine Geschichte war kurz, erst 1890 ist es von britischen Siedlern aus Südafrika erobert worden. Seine Geschichte war anders, es blieb bis 1924 ein Territorium, das von einer Privatfirma regiert wurde, der British South Africa Company.

Mich interessierte diese Vergangenheit einer »multi-racial-society«. Der eher harmlose und abenteuerliche Aufenthalt in Nordafrika hatte mich in die politische Wirklichkeit dieser Frage geworfen. Juden saßen in Tunis auf gepackten Koffern, die französischen Siedler, viele in der dritten Generation, verließen zu Hunderttausenden Algerien. Diesem Thema wollte ich nun wissenschaftlich im südlichen Afrika auf den Grund gehen.

Wie leben Weiße und Afrikaner zusammen? Konnte der offizielle Rassismus, wie er in der südafrikanischen Republik galt, vermieden werden? Und was bedeutete der britische kolonialistische Weg? Denn unter dem Druck der demokratischen Kritik in London hatte eine Apartheidideologie, die sich in verquerer Logik auch noch auf die Bibel stützen wollte, in Rhodesien kaum eine Chance.

Wir waren drei »Afrikaner« in Hamburg: Helmut Bley – er ist jetzt Professor in Hannover, Detlev Laß, er ist in Botswana, seinem Arbeitsgebiet, schon vor vielen Jahren an einem Herzinfarkt gestorben, und ich. Bley arbeitete über die deutsche Kolonialpolitik in Namibia, Laß über die südafrikanische Apartheidideologie und ich über die »Arbeitspolitik in Rhodesien«. In Wahrheit ging es uns allen nur um eine Frage: Konnten Eroberer und Eroberte friedlich zusammenleben? Gab es eine Chance der friedlichen Demokratisierung? Dazu mußte die Vorgeschichte und die moderne Wirtschaftsgeschichte erkundet werden: Wie haben die britischen Eroberungssiedler – spät gekommen; 1890! –, denen offene Versklavung nicht erlaubt war, die Landwirtschaft auf den eroberten und geraubten Farmen und in der Minenwirtschaft in den Bergwerken in Gang bekommen? Mit welcher Praxis und welcher Ideologie hatten sie sich die Völker des alten Zimbabwe untertan gemacht? Das neue National-Archiv im damaligen Salisbury bot mir gute Arbeitsmöglichkeiten, die Reemtsma-Stiftung eine Finanzhilfe für die Reise. Ich machte mich auf den Weg.

Schon meine Hinreise im Frühjahr 1961 ließ mich in die Politik geradezu stürzen. Der billige Charter-Flug für Auswanderer ging bis »Lourenço Marques«, die damalige Hauptstadt der portugiesischen Kolonie Moçambique. Dort wurde übernachtet, und am nächsten Morgen mußten wir mit dem Zug weiter nach Johannesburg, wo ich einige Tage bleiben wollte, um dann wieder mit der Eisenbahn über Botswana-Land nach Salisbury, dem heutigen Harare, zu fahren.

Ich will vier Erlebnisse erzählen, die aus dem eher distanzierten Kolonialhistoriker rasch einen zornigen Streiter gegen die Apartheid machten. Erfahrungen, die mich später dann vom Universitätsleben abbrachten in die politische Publizistik. Der Beobachter hatte mit seiner Neutralität keine Chance.

Nach dem langen Flug gab es ein Doppelzimmer. Der zweite Mann in meinem Zimmer war ein Belgier, der während des ganzen Fluges kein Wort gesagt hatte. Nun im Hotelzimmer fing er an zu reden, als er hörte, daß ich Deutscher sei: Er war ein am Tag zuvor in Brüssel aus dem Gefängnis entlassener belgischer Naziführer, der mir erzählte, wie viele seiner flämischen und deutschen Kameraden nach Südafrika gegangen seien – er hielt mich für einen Auswanderer. Er schwärmte von der großen Zeit Hitlers. Er war Faschist geblieben. Er fühlte sich in Salazars Kolonie Moçambique wohl und in Johannesburg sicher. Ich hatte bis dahin von solchen Liaisons keine Ahnung, habe erst durch diese unheimliche Begegnung den gar nicht so geheimen Nazi-Exodus nach 1945 in alle Welt aufmerksamer verfolgt. Nach Südamerika, nach Südafrika, nach Syrien und nach Ägypten.

Das zweite Erlebnis war der liebenswürdige Hotelwirt in Johannesburg, der mich auch für einen deutschen Auswanderer hielt. Er bot mir Vermittlung bei der Arbeitssuche an, es gäbe gute Organisationen, die sich um die neuen Einwanderer aus Europa kümmerten. Meine

Absicht, nach Rhodesien – »zu den Briten« – weiterzufahren, irritierte ihn.

Als ein Schwarzer, der etwas abgeben sollte, von der Straße die kleine Hotelhalle betrat, schrie der Hotelchef diesen in einer so rücksichtslos brutalen Weise an, wie ich es nie zuvor erlebt hatte. Er solle draußen warten. Hier drinnen wolle er keine »Boys« sehen. Der Besucher war etwa sechzig Jahre und wurde als Boy angeherrscht. Er ging ruhig aus der Halle und wartete draußen. Eine solche Konfrontation ungebremsten weißen Herrentums gegen einen Bürger anderer Hautfarbe, das in wenigen Sekunden dann wieder hinter der Freundlichkeit gegenüber dem weißen Besucher aus Europa verschwand, hatte ich in den fast zwei Jahren in Nordafrika niemals erlebt.

Noch am gleichen Tag besuchte ich die Redaktion der von Anthony Sampson begründeten Oppositionszeitschrift »DRUM«. Der schwarze Journalist Nat Nakasa nahm mich in seine Obhut. Ich wechselte das Hotel. Und er brachte mich spät am Abend nach Soweto. Zuerst besuchten wir Winnie Mandela und ihre Töchter. Ihr Mann Nelson war untergetaucht nach dem Massaker von Sharpeville. Später habe ich seine Verteidigungsrede in dem Buch *Kap ohne Hoffnung* veröffentlicht, und viele Jahre später konnten wir Winnie Mandelas Erinnerungen *Ein Stück meiner Seele* herausbringen. Die Brutalität des Hoteliers hatte mich am zweiten Tag in Südafrika auf »die andere Seite« gebracht.

Auf dem Rücksitz unter einer Wolldecke wurde ich nach Soweto gefahren. Für Weiße damals verboten. Ich verbrachte mit Hilfe von Nat Nakasa – er hat sich später in New York das Leben genommen – und des Schriftstellers Can Themba zwei Tage und Nächte in Soweto. Can Themba hatte das Wort »Boy«, das ich zuerst von dem Hotelier gehört hatte, später in einem Text als »Eisenkette um unseren Hals« bezeichnet.

Die entsetzlichste rassistische Szene erlebte ich auf der

Eisenbahnfahrt durch den Transvaal nach Bulawayo. Auf einer Farmstation fuhr der Zug sehr langsam an. Viele Kinder liefen mit fröhlichem Gesicht neben dem Zug mit. Sie bettelten nicht, sondern ihnen machte es Spaß; der Zug kam selten und war ein Ereignis. Der Mann neben mir im Abteil, ein Weißer – es gab Rassentrennung auch in den Zügen – war südafrikanischer Soldat, der sich bei der Polizei in Rhodesien beworben hatte. Er stand neben mir am Fenster. Ich winkte den Kindern zu. Er zog eine große Schachtel Streichhölzer aus der Tasche, zündete den ganzen Inhalt der Schachtel auf einmal an und warf die brennende Bombe aus dreißig bis vierzig Streichhölzern einem etwa neunjährigen Mädchen ins Gesicht. Er traf ihr Gesicht nicht. Aber ihre Augen trafen mich. Die Angst in ihren Kinderaugen habe ich bis heute im Kopf. Nie werde ich diese aufgerissenen dunklen Augen des Mädchens vergessen. Ich wechselte den Wagen. Aus dem Wagen für Schwarze wurde ich wieder herausgebeten. Ich hatte keine Chance zu irgendeiner Reaktion gegen diese Leute. Es waren mindestens zehn künftige Polizisten in dem Wagen. Sie hatten Waffen.

Am Abend kam ich in der Hauptstadt Salisbury an, dem heutigen Harare. Ich ging auf die Straße vor das Hotel. Dutzende von Afrikanern spazierten durch die Stadt an den Schaufenstern der Läden vorbei. Neben mir stand ein älteres weißes Ehepaar, sie sahen auf die Straße und auf die Menschen, und der Mann sagte zu seiner Frau: »Strange, nobody in town tonight.« Unter den vielen Menschen war kein Weißer.

Das war die vierte Szene zu Beginn meiner Arbeit im Archiv. Ich konnte der Politik nicht entgehen.

Zurück in Europa, wurde ich Mitglied des inzwischen in London gegründeten britischen »Institute of Race Relation«» und begann, Artikel über Südafrika zu schreiben und Vorträge zu halten. Der alltägliche Kleinterror hatte mich eindeutig auf die andere Seite gebracht. Viel eindeutiger als in Nordafrika. Die wissenschaftliche Arbeit wurde nie endgültig fertiggestellt. Die hundertfünfzig Seiten liegen bis heute in meinem Bücherbord.

Das 1969 geschriebene Buch, *Der Rassenkrieg findet nicht statt*, in dem Erfahrungen aus Indien und Südamerika verarbeitet wurden, wäre ohne diese frühen Eindrücke in den Geburtsjahren der »Dritten Welt« nicht entstanden. Die Achtundsechziger luden den Apartheidkritiker zu Veranstaltungen. Hans Magnus Enzensberger war der erste Autor, der sich in seinem neugegründeten Kursbuch mit der durch die neue Dritte Welt radikal veränderten Lage der Linken in Europa befaßte. Als 1965 »Kap ohne Hoffnung« erschienen war, hatte er mir aus Norwegen geschrieben, wo er damals lebte.

Zwanzig Jahre später, im November 1988, gingen er und ich durch Havanna und besuchten verfolgte Oppositionelle. Unsere Dritte Welt gab es nicht mehr, die Zweite war am Zerbröseln, die Erste hatte ihren Grund verloren.

Was nach 1945 in Korea begann, was in 130 Stellvertreterkriegen Millionen Menschen zu Tode gebracht hat, der endzeitliche Mythos von der angeblichen unumstößlichen Dreiteilung der Welt: Der Ersten, der Zweiten und dieser Dritten, um die sich die beiden ersten mit Hilfe von Geld und Waffen streiten, dieser Mythos ist endgültig verflogen.

Als Kennedy 1961 den Sozialrevolutionär Fidel Castro, der beim Studieren in den USA mehr amerikanische Autoren als Marx oder Lenin gelesen hatte, zum Vertreter des Weltfeindes erklärte, da fand die Dreiteilung ihr großes Symbol. Kuba mußte sich entscheiden: für Moskau.

Kuba und Afghanistan. Das waren zwei der vielen sogenannten »Hinterhöfe« der zwei Weltmächte. Der Machtgestus der scheinbaren Bipolarität ließ sich am dramatischsten ausspielen mit »Hände weg von meinem

Hinterhof«. Und beide hatten nie ein Reformkonzept für die armen Nachbarn der »Dritten Welt«. »Friedliche Koexistenz« als Vorstufe zum »Wandel durch Annäherung« gab es gegenüber Kuba nicht, und konnte im diktatorischen Moskau gegenüber Afghanistan gar nicht entwickelt werden. Wer 1968 in Prag einmarschierte, um den Prager Frühling zu stoppen, der verstand sich auch als Ordnungsmacht in Afghanistan.

Das ist nun alles vorbei. Am Ende ist auch die Weltmacht mit ihrem Latein am Ende. Auch die Erste Welt wird es bald nicht mehr geben, die Zweite ist zerbrochen; verabschieden wir uns von der Dritten.

Denn wir werden wohl die Geschichte der Aufstände und der Unabhängigkeit in dem, was wir Dritte Welt nannten, noch einmal schreiben müssen, die verzweifelte Warnung des Albert Camus vor dem Terror mehr im Ohr als die unterkühlte Revolutionsgewißheit des Jean-Paul Sartre.

Der kalte Krieg im Kopf

>*»Bis Ende der sechziger Jahre glaubte man mit geborgten Selbstverständlichkeiten schlichtester Sorte auszukommen. Politische Theorie war ein Rezeptbuch für die politische Bildung auf der Basis des Systemgegensatzes. Damit kommen wir nicht mehr aus.«*
>
> Claus Offe

Der Weltkrieg hatte uns Kinder geprägt, eine ganze Generation. Er hatte sechs Jahre gedauert. Vierzig Jahre hat der kalte Krieg gedauert, hat auch er Generationen geprägt? Und hat das eine mit dem anderen zu tun?

Der erwähnte Disput zwischen Albert Camus und Jean-Paul Sartre steht am Ausgangspunkt einer Entwicklung, die vierzig Jahre lang die Lähmungen des intellektuellen Diskurses bestimmen sollte. Es gibt Freunde, es gibt Feinde. Und hin und wieder eine traurige oder spöttische Verabschiedung. »Unsere Freundschaft war nicht einfach, aber ich werde ihr nachtrauern«, so beginnt Sartre seine verletzende Antwort auf Camus' Protest. Mir geht es nicht um den Inhalt des damaligen Streits, mir geht es um die Form, um die Signatur der Trennung, die uns alle in Richtige und Falsche getrennt hatte, nicht als Teilnehmer des Diskurses, sondern als Leute, die sich täglich testen, ob sie zu den Feinden *übergelaufen* oder den Freunden *treu* geblieben sind. Diese

Politisierung des Disputs war das für die Intellektuellen lähmendste Ergebnis der totalitären Weltsysteme. Bis heute.

Als Günter Grass den 17. Juni 1953 zum Anlaß nahm, um die »Plebejer den Aufstand proben« zu lassen und dabei einige unbequeme, aber unvermeidbare Fragen an das Wirken Bertolt Brechts stellen mußte, wurde er gebrandmarkt, galt er links nicht mehr als satisfaktionsfähig. Und umgekehrt beteiligte sich unser Staat an der Blockade des intellektuellen Disputs, als er Kommunisten mit ähnlichen Bannflüchen belegte, wie es die DDR über vierzig Jahre lang mit dem allergrößten Staatsaufwand getan hatte. Dem Radikalenerlaß West war das Abitur-, Studien- und Berufsverbot Ost vorausgegangen.

Sartre formulierte einen merkwürdigen Gedanken: »Auch die Freundschaft tendiert dazu, totalitär zu werden; entweder stimmt man in allem überein, oder man überwirft sich, und sogar die Parteilosen verhalten sich wie Mitglieder imaginärer Parteien.«[15] Diese tribalistische Gesellschaftsform, immer unter der Hitzeglocke des Verratssyndroms, hat auch den politischen Diskurs der Intellektuellen in den vierzig Jahren des kalten Krieges weitgehend bestimmt. Und scheint ihn zu überdauern.

Die Rückkehr in die globale Unübersichtlichkeit ist unumkehrbar. In vier Jahren sind wir zurückgestürzt in die Geschichte, als hätte es vierzig Jahre keine gegeben. Darauf sind wir nicht vorbereitet.

Die bipolare Prägung der Politik.　Die parlamentarische Demokratie der Bundesrepublik Deutschland war weit stärker geprägt von den polaren Bedingungen dieses kalten Krieges und den Nachwirkungen der Nazi-

---

15 Jean-Paul Sartre, in: *Krieg im Frieden*, Reinbek 1982, S. 27

diktatur, als man sich in der politischen Klasse bewußt war. Heute bestimmen die Nachkriegskinder die Politik unseres Landes, auch die meiner Partei. Obwohl im Alter näher an Oskar Lafontaine und Gerhard Schröder, verstand ich Helmut Schmidt und Willy Brandt, Hans-Jochen Vogel und Erhard Eppler leichter. Ich will das nicht überbewerten, aber ich spüre bei vielen Vorgängen einen Schnitt zwischen denen, die Mitte der dreißiger Jahre geboren wurden, also etwa zehn Jahre alt waren, als der Krieg aus war, und denen, die Kleinkinder in der Nachkriegszeit waren und mit dem Wirtschaftswunder der fünfziger Jahre zehn Jahre alt wurden. Sie haben mir eine Unbefangenheit voraus, die ich gerne hätte, aber sie ist nicht erlernbar. Für die Ungnade oder Gnade von Geburtsjahren kann niemand etwas. Und ich habe diesen Begriff für genau den Schwachsinn gehalten, den Günter Gaus, sein ironischer Erfinder, damit kennzeichnen wollte. Falsch ist aber, wenn wir uns nicht verständigen über grundsätzlich unterschiedliche Prägungen, die mehr mit Zäsuren und Blessuren zu tun haben als mit Jahreszahlen.

Der Bipolarismus hat die Nachkriegskinder des kalten Krieges vielleicht noch mehr geprägt als uns Ältere. Das stimmt auch für die Wirkungen der intellektuellen Bipolarität mit all ihren Sub- und Contrasystemen.

»Links« zu sein war für mich keine Selbstverständlichkeit, weder aus der Herkunft noch aus den unmittelbaren Erfahrungen. Als Kind hatte ich mich über die Engländer und ihre Demokratie, soweit sie für uns erkennbar war, gefreut. Meine Mutter hatte als junge Frau von ihrem dreijährigen Englandaufenthalt zwei politische Bücher mitgebracht, die ich etwa mit sechzehn versuchte zu lesen: Den Bestseller von Thomas Kirkup, *A primer of Socialism*, der seit 1908 immer wieder aufgelegt wurde, und die Standardschrift von Lord Hugh Cecil, *Conservatism*. Beide Bücher waren klein, handlich und rot. Kirkup konnte ich leichter verstehen. Hugh Cecil gab sich modern, baute auf dem tiefen in jedem Menschen angelegten »natürlichen Konservatismus«, war gnädig mit den Liberalen und verständnisbereit mit den Sozialisten, aber all die anerkannten Werte der eigenen Partei und der innenpolitischen Gegner galten ausschließlich für die »eigene Rasse« der weißen Briten – allüberall in der Welt. Eine schon für den Schüler untragbare Position. Bei allem Interesse an der philosophischen Kritik am Terror der französischen Revolution, auf den mich besorgte Geschichtslehrer in der Schule aufmerksam gemacht hatten.

Meine Mutter hatte Anfang der dreißiger Jahre kurze Zeit die *London School of Economics* besucht und neigte als Anthroposophin stets eher den linken, humanitären Positionen zu als denen der Konservativen, die sie als zynisch empfand. Aber es war das Mitgefühl mit den kleinen Leuten, zu denen sie sich zählte, auch die kleinen Selbständigen, sie war eher staatsskeptisch und hatte keine Neigung, kollektive Zusammenschlüsse besonders positiv zu sehen. »Sabbelbüddel« nannte sie die Nazis ihres Vaters. Aber Sabbelbüddel fiel ihr auch ein, wenn in der Politik allzu programmatisch geredet wurde. Max Brauer, Altonas letzten Vor-Nazi-Bürgermeister und großen Nachkriegsbürgermeister in Hamburg, mochte sie. Und der war Sozialdemokrat. Wie Frau Türk aus dem Haus meiner Mutter, die sich weigerte, die Hitlerflagge am Fenster anzubringen.

So landete ich in der Parteinahme weniger aus biographischer Zugehörigkeit zu einer Richtung oder durch philosophische Lektüre, sondern weil ich durch viele, sehr reale, oft sehr persönliche Begegnungen und Erfahrungen in Probleme hineingeraten oder auf Themen aufmerksam gemacht worden war, die eine moralische Entscheidung verlangten, keine theoretische. Erst durch dieses Hineingeraten bin ich das geworden, was ich als »links« empfand. Häufig habe ich später bei Freunden erlebt, wie die eingestanzte Bipolarität eine Instrumentalisierung des topografischen Begriffs links ermöglichte, die mit meinen individuellen Erfahrungen und Überzeugungen nicht allzuviel zu tun hatte.

Die Bipolarität ist nicht zu Ende. Nach den Angriffen der jugoslawischen Armee auf kroatische Städte, besonders auf kroatische Kirchen und Krankenhäuser 1991, und nach dem Vertreibungsterror der Tschetniks und der serbischen Armee in Bosnien 1992 gab es bei einigen Kollegen in der Fraktion eine Reaktion, die ich nur begreifen konnte als Prägung durch die Bipolarität des kalten Krieges: Einer meiner engsten Freunde, ein sehr unabhängiger Linker, überraschte mich kaum noch, als er nach den Vertreibungen aus Srebrenica im April 1992 zu den Genozidhandlungen keine Stellung nahm, sondern sich empörte über die Einseitigkeit der deutschen Kommentare, insbesondere der *FAZ* und der *WELT.* Eine von rechts kritisierte Sache kann nicht ganz so schlimm sein, wie der Kommentator sie macht – das Muster kannte ich von Diskussionen über Charta 77 in Prag, über Solidarność und Jaruzelskis Kriegsrechts-Regime 1980, über Gulag und Solschenizyn. Das Kritikmuster des kalten Krieges steckt den Beobachtern der heißen Kriege der neunziger Jahre noch im Kopf.

Aber diese Kriege entziehen sich nun wahrlich allen Topographien des polaren Status Quo: Sie sind nicht im Rechts-Links-Schema zu begreifen: Ist die brutale Drangsalierung des Kosovo durch Belgrad rechtes nationalistisches Unrecht? Oder linkes sozialistisches (gegen den albanischen Nationalismus gerichtet)? Ist der Massenmord an Zivilisten in Bosnien ein rechtes oder linkes Verbrechen, das irgend jemandem erlaubt, eine »ausgewogene« Haltung einzunehmen?

Nein, »links und frei« waren für mich eher historische Erfahrungen und weniger theoretische Begriffe. Meine älteste Auseinandersetzung hierüber hatte ich 1968 mit Ekkehard Krippendorf: Damals lieferte er einen guten Text für mein Buch gegen die NPD, die neuen Rechtsextremisten, »Die Restauration entläßt ihre Kinder«. Ich versuchte ihm am Telefon folgenden Satz auszureden: »Die Linke – und zwar auch noch die extremste Linke – hat darum (weil die Linke die »Selbstbestimmungs-Prozesse« vorantreibe, F.D.) immer das Element der historischen Wahrheit für sich, die Rechte – und zwar auch nur die gemäßigte Rechte – das Element der Unwahrheit und des Unrechts.«

Krippendorf blieb bei seiner Überzeugung, daß es eine »historische Wahrheit« auch der extremen Linken gäbe, die ich nicht teilte, aber respektierte und natürlich drucken ließ. Fast ein Viertel Jahrhundert später trafen wir uns, und ich erinnerte ihn an diesen Satz. Er stand zu ihm.

»Links« war für mich eine Kategorie der demokratischen Diskussion, »rechts« auch. Ich hatte mich für links entschieden, weil ich gelernt hatte, wie verantwortungslos die konservative Rechte mit Verfassungsgeschichte und demokratischer Ordnung umgegangen war, und wie zynisch in Krisen mit der sozialen Solidarität.

Aber wann hatte ich mich »entschieden«? Hatte es je eine solche Entscheidung gegeben? War ich nicht in der Waldorfschule eher radikal liberal geprägt worden? Die erste politische Aktion meines Lebens fand 1956 statt. Mit einigen ehemaligen Schulfreunden gingen wir zum Hauptbahnhof, wo Züge mit den jungen Flüchtlingen des Ungarnaufstandes ankamen. Einige waren verletzt. Wir begleiteten sie in das Flüchtlingslager auf Finkenwerder. Und nahmen uns in den nächsten Jahren einer kleinen Gruppe von Ungarn an. Einige sind weitergewandert nach Amerika, andere sind Deutsche geworden, einer ist seit vielen Jahren wieder Lehrer in Ungarn. Ihre Erzählungen und die Form unseres kleinen

Hilfswerks sind haften geblieben: spontan etwas organisieren ohne organisatorischen Hintergrund. Und wenn die Aufgabe einigermaßen erledigt ist, dann die Sache beendigen und wieder auflösen.

Der 17. Juni 1953, Ungarn 1956 und Prag 1968 blieben für mich Sperren gegen Krippendorfs apodiktische Feststellung. Auch war ich geprägt von den sehr viel grundsätzlicheren Diskussionen der französischen Linksintellektuellen über den Streit Sartres mit meinem Helden Albert Camus.

Zwar hatten mich Schriften des Theologen Karl Barth beeindruckt, der schon Anfang der zwanziger Jahre eine Krippendorf ähnliche Position vertreten hatte. Und die Restauration der fünfziger und sechziger Jahre schien ja auch Thomas Mann mit seinem Verdikt gegen den Antikommunismus (»die größte Torheit des Jahrhunderts«) recht zu geben. Aber ich empfand mich spätestens seit dem Ungarn-Aufstand in einer gegen die Kommunisten gerichteten Haltung. Sie wurde immer wieder durch den Adenauerschen Antikommunismus und durch die McCarthys in Washington und anderswo verunsichert. Bis heute habe ich im Kopf die unsinnige Antwort Adenauers auf Churchills Frage, wie es denn in der DDR ginge: Viele seien schon Kommunisten, aber die Mehrheit seien Deutsche geblieben. Diese Ausbürgerung des politischen Gegners, seine Umpolung zum Feind, war die umgestülpte antidemokratische Feinderklärung des Gegners, die den kalten Krieg bestimmt hatte. Ich empfand die Kommunisten stets als Gegner und als Täuscher. Viele als tragische Selbsttäuscher. Aber sie sind Teil unseres Landes und gehören zu unserer Geschichte. Die kommunistischen Familien, die aus der Verfolgung kamen, hatten mehr gelitten als andere, aber sie stilisierten sich oft zu den einzig Verfolgten. Mein Mitgefühl wurde immer wieder strapaziert, sobald sie Verfolgung von seiten eines sich links und humanistisch begründenden Systems mittrugen. So geht es mir heute mit älteren

Jugoslawen aus Serbien. Sie erinnern zurecht an den Na-
ziterror auf dem Balkan, aber sie nutzen diese Erinnerung heute, um dem Verdikt zu entkommen, womöglich mitschuldig zu sein am neuen Terror gegen die muslimischen Bosnier.

Die Bipolarität des kalten Krieges, das war auch das
Graben in sehr alten Geschichtsgräben: Die andere Seite als Barbaren und sich selbst als Helden darzustellen,
das ist wahrlich nicht neu in der Menschheitsgeschichte. Häufig waren die Formen, unter denen die Opfer
der stalinistischen Diktatur und die Opfer der rechten
Militärdiktaturen gegeneinander aufgerechnet wurden,
vergleichbar dem angstmachenden Kriegsgeschrei des
Altertums. In Wahrheit wurden die Opfer der anderen
Seite zum zweiten Mal benutzt, mißbraucht für die
Propaganda. Genau diesen historischen Mechanismus
hat die demokratische Linke, hat aber auch Richard
von Weizsäcker mit seiner Rede vom Mai 1985 durchbrochen: Die deutsche Nachkriegsdemokratie hat dem
kollektiven Selbstbewußtsein ein drittes Element hin-
zugefügt − neben dem Stolz auf die eigene Vergangenheit und der traditionellen Erinnerung an die Untaten
der anderen denken viele demokratische Deutsche über
die Untaten der *eigenen Leute* nach. Das ist der tiefere
Zweck der Gedenktafel an der Neuen Wache, das ist
die eigentliche Auseinandersetzung mit den Neuen
Rechten.
    Der Bipolarismus des kalten Krieges hat jahrzehnte-
lang den wirklichen Abschied vom Barbarenmuster
verhindert. Immer gab es eine andere Täterseite, die die
eigene Geschichte ausblenden konnte. Das galt für die
gelenkte Diskussion in der DDR, das galt aber auch für
den öffentlichen Disput in der Bundesrepublik. Die
pluralistische Qualität der Aufklärung ist durch diesen
Polarismus beschädigt worden. Die Vereinfachung und
häufige Verdrängung der Geschichte seit 1948 und

damit die Verlangsamung des politischen Prozesses hat uns eine Periode überaus großer Stabilität beschert.

Die Globalität des kalten Krieges bewirkte Polarität der simpelsten Sorte. An jedem Minihof eines Maharadschah im Indien des neunzehnten Jahrhunderts – stabilisiert durch die britische Krone – ging es auf den Feldern der Religion pluralistischer zu als in den Schalt- und Denkzentralen des kalten Krieges.

Sie wirkt auch noch heute, diese Geschichtslähmung der Deutschen aus einer Zeit, in der die Schnecke zum Wappentier des Jahrzehnts werden konnte, und der kleine Schritt zum Grundmuster deutscher Außenpolitik. Wir sind mitten im Hurrikan des Wandels. Das Wort vom *wind of chance* erinnert heute an laue Lüftchen der sechziger Jahre. Katarakte des Zusammenstürzens zeigen die Videobilder der neunziger.

Ich versuche meine eigene Geschichte einzubringen in die Frage nach dem Zeitbruch, auf den wir so wenig vorbereitet waren. Der kalte Krieg hat die Nachkriegsdeutschen geprägt. Der heiße Krieg hat meine Generation geprägt, mehr als wir den jetzt Jüngeren vermitteln konnten – oder wollten. Im Jahre 1979 hat Jean Améry auf ergreifende Weise den manichäischen Dualismus beschrieben, auf den er sich eingelassen hatte. Er war, aus dem KZ befreit, in die Welt des kalten Krieges entlassen worden: »Nur allzugut und schamvoll erinnere ich mich an die Tage, da ich alles Amerikanische verabscheute wie die Pest und andererseits sogar die Prozesse gegen Slansky und Rajk, mit Skepsis zwar, aber ohne dezidierten Protest, hinnahm. Vielleicht waren dies wirklich Verräter, dachte ich, und dann den noch viel erbärmlicheren Satz: Wo gehobelt wird, da fallen Späne. Arthur Koestler analysierte, und wir sagten uns, das sei ein Söldling des Monopolkapitals. Ignazio Silone trat auf den Plan und sprach von seinen Enttäuschungen: Wir hielten ihn für einen Querulanten, und sage ich ›wir‹, meine ich nicht die Parteikommunisten, in deren Reihen ich niemals geschritten war, sondern die Linken im allgemeinen und die nicht immer intelligenten ›Linksintellektuellen‹, denen ich mich stolz zuzählte. In Tat und Wahrheit waren wir blind auf dem linken Auge, aber das begriff ich erst viel später in voller Deutlichkeit, erst bei der zweiten Vergewaltigung der CSSR.«[16]

Gelähmte Intellektuelle. So ließen sich auch deutsche Intellektuelle auf die manichäische Endzeitlichkeit des kalten Krieges ein. Für viele Deutsche im geteilten Land ein doppelter Vorteil, nicht nur wurden die beiden Staaten aus der Geschichte herausgelöst und in die größeren West- bzw. Ostverbände eingepaßt, auch die eigene persönliche Geschichte wurde aufgehoben und konnte in den neuen Weltdualismus einprogrammiert werden. Totalitäre Stalinisten wie Walter Ulbricht konnten sich als Antifaschisten und als Antiimperialisten, moralisch unangreifbar, in ein geradezu maschinell funktionierendes »Weltsystem« einklinken, in dem es keine persönliche Geschichte, keine persönliche Verantwortung mehr gab, sie waren enthistorisierte Teilstücke der großen Geschichtsmaschine. Insofern war der Prozeß gegen Erich Mielke von nicht nur symbolischer Bedeutung: Menschen werden zurückgezwungen in ihre eigene Geschichtlichkeit. Individuell, und als Angehörige eines Volkes, das eine sehr viel ältere Rechtsgeschichte hat, als Hitler und Ulbricht hatten dulden wollen. Und spiegelbildlich in der Bundesrepublik: Nazibiographien konnten sich einschmelzen in den großen antikommunistischen Weltgong, der alle persönliche Verantwortung und Schuld auszulöschen half.

Im Westdeutschland der sechziger Jahre wurde der Wohlton dieses Gongs beschädigt von der Studentenbewegung. Aber bei allen positiven Wirkungen der Acht-

---

16 Jean Améry, in: *Die zornigen alten Männer,* Reinbek 1979, S. 264

undsechziger auf die Geschichte der Bundesrepublik – ihr tiefster Irrtum blieb, daß auch sie sich wieder einbaute in die globale Bipolarität des kalten Krieges. Indem sie, nun mit graduell abgestuften Bewertungen, quasi die Seiten wechselte: Die Kritik an Amerika im Vietnamkrieg war sehr viel schärfer als die an Moskau nach dem Einmarsch in Prag. So hat auch die Studentenbewegung nicht wirklich zu einer Rückkehr in die Geschichte der Deutschen in Europa und in die eigene Lebensgeschichte geführt.

Ulrike Meinhof, die Journalistin, war etwas älter als ich. Wir waren beide längst im Berufsleben und hatten Familien. Aber mit der APO wurde ihre Weltsicht geradezu von Tag zu Tag manichäischer, verlor sie an analytischer Beobachtungsgabe: Die unmittelbare Umwelt zerfiel in Freunde und Feinde – und deren Zuordnung wurde global. So verlor sich auch die liebevolle und liebenswürdige Offenheit, an die ich mich aus den ersten Begegnungen 1965 erinnere. (Einzig meine Mutter, die als ihre Steuerberaterin auf einer ganz anderen sachlich-freundlichen Ebene mit ihr zu tun hatte, konnte meine zunehmende Distanz nicht verstehen.) So nutzten auch die Wortführer der außerparlamentarischen Opposition den Bipolarismus zur eigenen Enthistorisierung. Vielleicht mit Ausnahme von Rudi Dutschke, der immer wieder auch auf die eigene Biographie hinwies, und der später mit Manfred Wilke den Versuch unternahm, die Linke aus der simplen Maschinenlogik des globalen Dualismus herauszubrechen. Mit dem Buch bei rororo-aktuell: »Solschenizyn und die westeuropäische Linke«.

Eine wirklich breite kritische Öffnung der bipolaren Denkmauer ist uns nicht gelungen. Dazu war sie allen Beteiligten allzu dienlich mit ihrem großen Schattenwurf, der vor den Strahlen der realen Entwicklungen schützte.

Auch das Einklagen der Wahrheit und die APO-Kritik an der Adenauer-Restauration bediente sich der Enthistorisierung, mit anderem Motiv, aber mit vergleichbarer Wirkung wie zwei Jahrzehnte zuvor ihre Väter bei der Gründung der Bundesrepublik. Die einfache Unterordnung der bundesrepublikanischen Demokratie unter das *Prinzip der repressiven Toleranz*, die häufig sehr simple Anwendung marxistischer Gemeinplätze auf die sehr komplizierten wirtschaftlichen und sozialen Entwicklungen verstärkten noch einmal den Abschied aus der Geschichte. So sehr die Achtundsechziger den kalten Krieg geißelten, so sehr waren sie doch Teil seines globalen Dualismus. Indem die wirklichen Verhältnisse blockiert blieben.

Mir geht es hier nicht um die alte, seit dem Mauerbruch immer wieder erzählte Geschichte von den Irrtümern der Linken, mir geht es darum, an der Geschichte meiner Generation den Jüngeren deutlich zu machen, wie stabilisierend, wie zugleich aber auch lähmend Prägungen sein können, wenn man sich ihrer nicht bewußt ist.

Polare Zuordnung statt gedanklichem oder politischem Diskurs. Das machte nicht vor den politischen Parteien und nicht vor der Verlagsarbeit als Buchherausgeber halt. Ich will drei – heute eher komisch wirkende – kleine Begebenheiten erzählen.

Am 13. September 1973 sitzt die »Linke« der Hamburger SPD beisammen, an der Rothenbaumchaussee. Ich erinnere mich nicht, worüber wir sprachen. Jemand kommt herein, der die Sieben-Uhr-Nachrichten gehört hat. In Santiago ist geputscht worden. Wahrscheinlich ist Allende, der sozialistische Präsident, tot. Wir besprechen diese entsetzliche Nachricht. Der Kreis beschließt für den nächsten Tag eine Demonstration. Duve sollte reden. Ich hatte kurz zuvor das Buch eines Chile-Experten bei Rowohlt veröffentlicht und mich in Kommentaren zum Reformkonzept Chiles geäußert, in dem viele die zweite Chance eines »Dritten Weges« erblickten. Immer wieder hatten wir das drohende Scheitern oder gar die Einwirkung von außen mit Prag 1968 verglichen. Um 18 Uhr sollte die Demo vor dem DGB-Haus stattfinden. Ich schrieb am nächsten Nachmittag eine kurze Ansprache, inzwischen wußte man mehr aus Santiago. Eine Stunde vor Beginn rief mich der führende Vertreter der »Stamokap Fraktion« an, der spätere Professor Detlev Albers: Die »anderen Jugendgruppen« hätten einen Redner Duve nicht akzeptiert, ich könne mir schon denken, warum. Der Jugendring wurde damals von der DKP Jugend dominiert. Es wurde ein Redner bestimmt, der der DKP paßte, der natürlich keinen Hinweis auf Prag 1968 gab. Ich war ausgeladen von den eigenen SPD-Genossen, weil die DKP es so bestimmte. In der bipolaren Welt jener Jahre eine fast erheiternde Episode.

Ein ernsteres Beispiel. Mein brasilianischer Autor Marcio Moreira Alves besuchte Hamburg 1974, er hatte in Stockholm über das Thema seiner Bücher gesprochen: Folter und Menschenrechtsverletzungen in Brasilien. Ich freute mich, daß Jusos und Amnesty International eine kleine Kundgebung auf der Hamburger Moorweide mit Alves machen wollten. Die Amnesty Gruppe sagte zu, mit einigen Mitgliedern zu kommen, die Jusos sagten zu. Ich kam mit Alves um 17 Uhr auf dem Platz an. Die kleine Brasiliengruppe von Amnesty und einige Frauen aus Dritte-Welt-Gruppen der Kirchen waren da, sonst niemand. Die damals mächtige Juso-Organisation war nicht erschienen. In letzter Minute kam deren Geschäftsführer, der mir folgende Begründung für das organisierte Nichtkommen gab: Ein Kenner der brasilianischen Verhältnisse aus der DKP habe die Jusos gewarnt. Alves sei ein Gegner der Kommunisten in Brasilien und verträte sehr individuelle Positionen. Dann verschwand der Geschäftsführer wieder. Wir blieben mit den Leuten von Amnesty allein. Alves hielt seine Rede vor weniger als zwanzig engagierten Menschen auf öffentlichem

Platz. Als ich ihm die Begründung für die Leere des Platzes erklärter, lachte er. »Die moskautreuen brasilianischen Kommunisten haben mit der Militärregierung eine Art Neutralitätspakt geschlossen, wegen gewisser Handelsinteressen der Sowjetunion mit Brasilien!« Wieder hatten Hamburger Jugend-Kommunisten direkt eingegriffen in die Entscheidungen der Jugendorganisation der SPD. Erfolgreich hatten sie den Boykott einer Demonstration organisiert, bei der über konkrete Menschenschinderei in einem Land der Dritten Welt berichtet werden sollte.

Und umgekehrt erzeugten Antikommunisten ähnliche Effekte: Ich hatte mit dem jungen Wissenschaftler Manfred Wilke einige Bände bei rororo-aktuell herausgegeben: die Jahrbücher »Menschenrechte in Osteuropa«. Auch das erwähnte Buch mit Rudi Dutschke, »Solschenizyn und die europäische Linke«, war der Zusammenarbeit mit Manfred Wilke zu verdanken. Als wir aber das Manuskript eines seiner Freunde ablehnten, aus einer ganzen Reihe von Gründen, die mit unserem Programm zu tun hatten, wurde uns dies in einer Streitschrift über »Sympathisanten« als Beweis für den »kommunistischen Einfluß« auf Rowohlt gedeutet.[17]

Ich erzähle diese kleinen, im ganzen unwichtigen Begebenheiten, um zu zeigen, wie weit das Leben und die politische Argumentation vom kalten Krieg geprägt war – selbst bei entfernten Themen oder, wie man meinen sollte, neutralen Gegenständen: der Verletzung von Menschenrecht und Menschenwürde.

Besondere Nutznießer des globalen Dualismus sollten die Konservativen sein. Die Wiederbelebung des nationalistischen Verratssyndroms schien sich vorzüglich zu

17 Ossip K. Flechtheim, *Der Marsch der DKP durch die Institutionen*, Frankfurt 1980, S. 31

eignen für den innenpolitischen Streit. Der berühmte (von der CDU verlorene) Wahlkampf gegen Willy Brandt 1972 zeigte die bipolare Versuchung. Die Schmähung als Vaterlandsverräter, Diskreditierung der Ostpolitik, Einbettung der Sozialpolitik in den Ost-West-Gegensatz (»Freiheit statt Sozialismus« war das Schlagwort, mit dem der Wahlsieg ertrommelt werden sollte). »Diese Regierung hat die Tür geöffnet, durch die der Osten in den Westen schlüpft... Der Teufel hat viele Masken, als Teufel präsentiert er sich selten... Auf dem Tiger der Inflation reitet der apokalyptische Reiter der Revolution... Das andere Deutschland dem Terror wehrlos ausgeliefert.« Splitter aus einem Kommentar, den der Autor Hans Habe am 6. Februar 1972 in der *WELT* gegen Willy Brandt geschrieben hatte.

Die Schmäher verloren. Die offene Demokratie siegte. Aber in vielen Auseinandersetzungen, bei der Frage, ob kommunistische Lehrer Kinder unterrichten dürften oder kommunistische Briefträger Post austragen könnten, drohte sich die offene Demokratie immer wieder selbst zu blockieren. Für die Rechte wurde die Ostpolitik – der erfolgreiche Versuch, die lähmenden Verwundungen des kalten Krieges zumindest für die Deutschen Schritt um Schritt zu mildern – das Paradeexperiment zur Instrumentalisierung des Ost-West-Gegensatzes im innenpolitischen Streit. Die Rechte verlor – und übernahm später die Grundpositionen der Ostpolitik, ermahnt von den klügeren liberalen Patrioten in den eigenen Reihen, wie etwa Richard von Weizsäcker. So blieb bis 1989 die Ostpolitik Willy Brandts Grundlage der Ostpolitik Helmut Kohls. Bis 1989 schien ein Teil der Selbstblockade überwunden. Nach 1989 scheinen viele das alte fast gemütliche binäre System zurückzusehnen. Wahlkämpfe werden mit der Geschichte der Ostpolitik gemacht, als herrschten noch Breschnew und Honecker. Heute ist es Mode geworden, das langweilende Eindreschen auf nicht mehr vorhandene Gegner. Einige haben mit dem Zusammenfall der kommunistischen Staaten noch einmal ihre Schlachten geschlagen gegen Feinde, die es gar nicht mehr gab. Die ausgetrockneten Kränze, die sich die selbsternannten Sieger aufsetzten, sind ihnen über die Augen gerutscht. Mich interessiert bei vielen umgestülpten Neuauflagen des intellektuellen bipolaren Angriffskrieges nicht so sehr der moralische Vorwurf des Opportunismus – obwohl auch mir gelegentlich übel wird, wenn ich lese, wer sich alles meldet, von dem wir nichts gehört hatten, als wir Hilfe bei der moralischen Unterstützung der Charta 77 in Prag, der Solidarnosc in Danzig und Warschau, der Oppositionsstimmen in der DDR hätten brauchen können. Wenn Henryk Broder mich verspottet, wie stolz ich darauf war, daß oft DDR-kritische rororo-aktuells durch die Mauer gelangten, dann mag dies seiner eindrucksvollen Begabung zuzuschreiben sein, sich gelegentlich selbst ad absurdum zu führen.

In der galoppierenden Instabilität seit dem Fall des Kommunismus und dem Ende der politischen Bipolarität wirkt die intellektuelle Debatte wie gelähmt. Immer noch wird jede ungeschützte Äußerung auf rechte oder linke Viren überprüft, wie die Diskette in meinem Computer.

Ich hatte eine Auseinandersetzung mit Ralph Giordano, der im März 1992 im *SPIEGEL* feststellte, die ganze Linke sei stets und immer unfähig gewesen zu trauern. Er nahm die inzwischen ja problematisierte Grundformel der Mitscherlichs auf und wandte sie in einem einzigen Sensenschnitt auf die Linke an. Ich habe ihm in der *taz* so geantwortet:

»Links ist, wo der Daumen rechts ist. Und der zeigt nach unten. Rechts ist, wo der Daumen links ist, und der zeigt nach oben. Neue Cäsaren sitzen am Mischpult der Wendezeit und schreiben sich ihr In-ing und den je anderen ihr Outing.

Ralph Giordano hat ein Thema entdeckt, das manche von uns erst seit den Slansky-Prozessen seit 1948, dem Prager Mord am Demokratieversuch, Ältere seit den dreißiger Jahren umtreibt. Ich war sechzehn und las die Zeitungen, als in Prag Slansky hingerichtet wurde. Er hatte seinerseits die Demokratie zu Fall gebracht, drei Jahre zuvor, mit Hilfe der sowjetischen Truppen.

Nun – 1992! – konstatiert Ralph Giordano, beim Slansky-Prozeß neunundzwanzig Jahre alt, die ›Linke‹ (whoever that may be) sei trauerunfähig. Zugleich klagt er sich jetzt an, damals Stalinist gewesen zu sein. So wird Selbstanklage zum Silberling.

Wir schreiben 1992, mehr als ein halbes Jahrhundert nach Stalins Mordkommandos, fast vierzig Jahre nach den Panzern im Berliner Juni, sechsunddreißig nach den Hunderten junger Toten in und Zehntausenden Flüchtlingen aus Ungarn, einunddreißig Jahre nach dem Bau des deutschen Menschenpferchs, fast ein Viertel Jahrhundert nach den Toten von Prag, bald zwölf Jahre nach dem Überfall auf Afghanistan und bald dreizehn Jahre nach dem ersten Aufbegehren von Solidarnosc. Jetzt plötzlich –unfähig zu trauern?

Der ganze Schmäh ist falsch. Damals, 1945, mußte ein Tätervolk mit sich zu Rande kommen, das neben eigenen Mitbürgern vor allem andere Völker überfallen, gequält und vernichtet hatte. Im Abstand werden wir wohl noch einmal fragen, ob dies nicht doch – so recht wie schlecht – einigermaßen gelungen war.

›Die Linke?‹ – Wer ist damit gemeint? In dem ganzen langen Essay wird dafür nur ein einziger Name genannt, der von Bernt Engelmann. Sonst bleibt der Leser ratlos. Sind mit der Kollektivbezeichnung die ehemaligen Bewohner der DDR gemeint, die sich nicht der Opposition, wohl aber den Massenorganisationen angeschlossen hatten? Deren Trauer kennen wir nicht. Liegt es an uns, sie einzuklagen? Meint Giordano die ›Linke‹ der Bundesrepublik? Meint er linke Journalisten, die die

Ostpolitik und Helsinki gefordert und gefördert hatten? Meint er die Linken, die Helsinki abgelehnt hatten? Meint er die Maoisten der siebziger Jahre? Meint er die Sozialdemokraten oder die linken Freidemokraten oder die APO oder die *Frankfurter Rundschau* oder die *taz*? Im Ton ein Richter, mäht er alle nieder. Diese Linke gibt es nicht, sie ist ein Produkt eines Jägers auf der Suche nach einem neuen allfälligen Feind.

Der fatale Trug-Schuß, den Giordano auf seine ›Linke‹ abfeuert, ist die Mißachtung des Pluralismus, in dem es linke wie rechte, konservative wie liberale, soziale wie anti-soziale, bürgerliche wie kleinbürgerliche Demokraten gibt. Demokraten! Hier liegt der Fehler vieler, die ehedem einer totalitären Partei angehört hatten: Sie sehen oft die Demokratie und die Öffentlichkeit als Lagerordnung. Haben sie das eine verlassen, müssen sie an die Pforten eines anderen anklopfen. Daß ausgerechnet Giordano das tut, schmerzt. Sein Essay ist ein gefährlicher Beitrag zu dieser schwierigen Aufarbeitung der Vergangenheit: Erst wird ›der Linken‹ die Trauerunfähigkeit bescheinigt, dann wird zum Schluß eine kleine Gruppe der Tapferen (in ganz Europa?) ausgemacht, der er sich zuordnen möchte. Dabei geht es nicht um Demokraten mit Meinungen und Gegenmeinungen. Es geht um ein manichäisches Menschenbild, das Äonen entfernt ist von dem sorgfältigen Versuch der Mitscherlichs, herauszufinden, warum viele Deutsche nach 1945 nicht trauern konnten.

Giordano, um Gottes Willen, Giordano, jetzt – 1992 – Trauer einklagen nach Millionen von Opfern, in dieser zerschundenen Welt? Jetzt für ihren Frühstalinismus genau jene Entschuldigung nutzen wollen, wie sie Axen und Honecker immer beansprucht hatten, jetzt im Salto Fatale gleich vom wahrlich nicht selbst erschwommenen andern Ufer den großen Urschrei ›ik bin all dor‹ auszurufen?

Die terra inkognita und der neuentdeckte Barbarenstamm ›die Linke‹, die jetzt Giordano und andere für uns aufspüren, sind es allenfalls für sie selbst: Der erste literarische Aufschrei gegen die Mauer kam von links, nicht von rechts, er kam von linken Demokraten. Diese Trauer war kein Gespinst unterschiedlicher theoretischer marxistischer Gesellschaftsanalysen, es war der Trauerschrei der Demokratie, den Hans Werner Richter bereits im Dezember 1961 bündelte mit seiner Sammlung ›Die Mauer, oder der 13. August‹. Der Sozialdemokrat Willy Brandt war voll Trauer zu den bewaffneten Mauermaurern gegangen, der rechte Adenauer blieb in Bonn. Ehren wir die Trauerfähigkeit der Grass und Brandt, Walser und Böll – und weniger die Phalanx der Ex-Kommunisten, deren Weimarer Erbe (mit Tuchos Hilfe) bis heute noch die Feindseligkeit gegen Sozial-Demokraten geblieben ist.

Damals schrieb sich der linke Jens Daniel (Rudolf Augstein) im *SPIEGEL* seine Trauer und seine Wut von der Seele: ›Theoretisch gibt es die Möglichkeit, daß die westlichen Verbündeten lieber einen Weltkrieg auslösen als die DDR anerkennen. Praktisch, darüber kann gar nicht genug Klarheit herrschen, besteht diese Möglichkeit nicht.‹ (Geschrieben 31 Tage vor dem Mauerbau.) Die 23 deutschen Schriftsteller, die 1961 einen verzweifelten Brief an den Präsidenten der UNO-Vollversammlung schrieben, waren im Zweifel linke Autoren.

Oder die Trauer, die aus den Zeilen von Alfred Kantorowitz spricht, in seinem Brief an Günter Grass, der den Intellektuellen in der DDR mehr Protest gegen die Unterdrücker abverlangt hatte: ›Im Ulbricht-Staat kann man sich ebensowenig wie im Hitler-Staat auf den Marktplatz stellen und Mord rufen, ohne sogleich von der Dampfwalze überrollt zu werden. Was 1956 äußerstenfalls bei Gefahr langjähriger Zuchthausstrafen noch möglich war, ist seither unmöglich (oder nur möglich mit Willen und Bewußtsein in den Opfertod zu gehen).‹ (*DIE WELT,* August 1961)

War Kantorowitz kein Linker? Und waren die Leute der Gruppe 47, die Kurt Hager am 1. Oktober 1961 unerhört niederträchtig schmähte, keine Linken?

Das war doch niemandes Spaß – dieser betonierte modus vivendi, der danach kam!

Bitter schrieb Heinrich Böll nach dem Bau der Mauer: ›Ich habe nicht einmal den Mut, den Schriftstellern in der Zone Selbstmord anzuraten. Ich weiß, welche Folgen Aufstände in Gefängnissen haben. Es ist kriminell, große Worte auszusprechen, wenn man sie nicht halten kann; falsche Phrasen erhöhen den Brechreiz, vergrößern das Elend… Eine Zeitlang war es möglich, aus der CSSR zu fliehen, indem man sich in den Wassertank einschrauben ließ. Seitdem die westliche Presse aus dieser Methode eine Sensationsmeldung gemacht hat, werden an den Grenzen alle Wassertanks aufgeschraubt.‹

Die Trauer der linken Demokraten hat nicht erst 1961 angefangen. Sie wurde um so verzweifelter, je mehr die Eingesperrten in Ostdeutschland rechten Innenpolitikern in Westdeutschland als Instrumente der Propaganda dienen mußten, ohne sich wehren zu können.

Jugendirrtümer, auch todesgefährliche, begehen viele – aber darf der eigene Irrtum als Lackmuswaffe gegen alle anderen mißbraucht werden?

Ost- und Entspannungspolitik war immer zugleich eine Tragödie, war immer zugleich auch ein Eingeständnis, daß niemand in der Welt bereit war, Waffen gegen die Wärter mit den Atomraketen einzusetzen. Willy Brandt und Günter Grass, Marion Dönhoff und Peter Bender, Hans Dietrich Genscher und Paul Sethe – keiner von ihnen war je Kommunist, keiner von ihnen hat je an Stalin geglaubt.

Meine Mutter hatte eine Cousine, die in der Sperrzone am Dassower See lebte – früher ein Lübecker Ausflugsort. Ein einziges Mal, nach dem Tod einer Verwandten, durfte sie Hamburg besuchen. Ich erinnere mich an die weinende Frau, als sie Mitte der 60er Jahre von der Staatssicherheit erzählte, die sich in ihrem eigenen Haus einquartiert hatte und sie schikanierte. Ich erinnere mich an das Schluchzen dieser alten Frau. Keine Heldin, eine Mecklenburger Bäuerin aus der Grenzzone. Wir haben uns für die Entspannungspolitik vor allem dieser Menschen wegen eingesetzt.

Ich empfand Trauer, wenn ich dem alten Kantorowitz nach seiner Übersiedlung in Hamburg zuhörte. Ich empfand Trauer, als ich ›Archipel Gulag‹ las, und ich freute mich, als der linke Heinrich Böll Solschenizyn empfing.

Seit Stalins Eispickel-Mord in Mexiko an Trotzki gab es immer auch Leute, die zwar die Demokratie nicht sonderlich schätzten, aber immerhin Stalin die Menschenrechte abverlangten. Und natürlich machen sich jetzt auch ehemalige Maoisten breit, die den Gulag in China nicht gesehen hatten und jetzt noch schnell ihre Neu-Positionierung für die 90er Jahre hinkriegen wollen. Alles auf Kosten von Menschen, denen damit überhaupt nicht gedient ist.

Nein, es muß Schluß sein mit der Irrhoffnung, ein kleines Fähnlein der Gerechten, einige von ihnen vor langer Zeit selbst Kommunisten, könnte durch neue Klagschriften Trauerarbeit als Ersatzvornahme für andere leisten.

Mich haben die DeKaPisten in unserem Schriftstellerverband bis zur Weißglut empört. Mich hat Engelmann geärgert. Wer aber jetzt neue Zäune für intellektuelle Lager aufziehen möchte, tut nichts für die Demokratie der vielen Meinungen, sondern wirkt mit am Rückfall in die Feindbildwelt von gestern.

Linke Intellektuelle haben Trauerarbeit geleistet. Den Stamm der ›Linken‹ gibt es nur, wie im Kartenspiel, als Joker, jederzeit einsetzbar, aber ohne Gestalt.

Wir wissen nicht, was aus der Demokratie wird. Die Zeiten stimmen nicht nur fröhlich. Die Zahl der Demokraten scheint in Westeuropa schneller abzunehmen, als sie in Osteuropa zunimmt. Le Pen in Frankreich ist kein Spaß mehr. Die Bundesrepublik hat eine große Chance. Ich befürchte, daß die Intellektuellen mit solchem Schattenspiel wenig dazu beitragen werden.«[18]

Auf allen Ebenen der politischen Debatte droht der alte Polarismus. Joachim Fest untersucht, auch er siegerstolz, die »grundsätzlich totalitäre« Rolle der Utopie – und will uns für immer von ihr befreien. Brigitte Seebacher-Brandt versucht, rückwärts gewandt, Willy Brandt umzupolen in das alte Rechts-Links-Schema, nur jetzt seitenverkehrt. Die CSU bekräftigt immer wieder die Gefahr des Linksterrorismus, um ihre eigene Nähe zu Rechtsaußen und zu nationalistischen Positionen auszubalancieren. Auch bei der Interpretation der Vergangenheit und den jeweiligen Rollen, die die einzelnen in ihr gespielt haben, ist der alte Dualismus immer noch das prägende Grundmuster.

Ich erinnere mich an ein Diskursforum Anfang der sechziger Jahre, in dem souverän die abblockende Bipolarität aufzuheben verstanden wurde: Im Hause des aus Griechenland stammenden konservativen Journalisten Peter Coulmas trafen sich damals Intellektuelle aller Lager und solche, die keinem zugehörten. Axel Eggebrecht, Joachim Fest, Ulrike Meinhof, Ulrich Gembardt, um wenige von Dutzenden zu nennen. Damals wäre es dort niemandem in den Sinn gekommen, uns gegenseitig Wort um Wort, Komma um Komma abzutesten auf das bipolare Grund-Schema.

Dem Wahlkampf gegen Willy Brandt und der neuen Ostpolitik wurde mit ungeheurer Wucht von rechts das Signum des Verrats aufgedrückt, das den intellektuellen Disput bis heute prägt. Daß dagegen die demokratisch patriotischen Grundsätze Willy Brandts (»Deutsche, ihr könnt stolz sein auf euer Land«, »mehr Demokratie wagen«) sich durchsetzen konnten, war der eigentliche

18 *taz*, 19. 3. 1992

Durchbruch der erst später so genannten *Zivilen Gesell-schaft* in Deutschland.

Jetzt, nach 1989, wäre die große Zeit des offenen Diskurses der vielen Argumente, die nicht unbedingt ihre manichäischen Verankerungen in der rechten oder linken Vergangenheit haben, sondern sich aus der Wahrnehmung der galoppierenden Gegenwart ergeben.

Aber es bleibt die Wiederkehr des alten Spiels. Einige Intellektuelle gleichen Spielern, denen längst Karten und Chips abhanden gekommen sind, die sich aber doch Nacht um Nacht in der zum Abstellraum verkommenen ehemaligen Spielhalle treffen, um noch einmal zu versuchen, wofür der Croupier längst entlassen, die schummrige Saalbeleuchtung längst erloschen ist. Das Spiel ist aus. Einzig diese Spieler scheinen es nicht zu merken.

Ende 1993 legte Joachim Fest einen weiteren Essay vor: »Die schwierige Freiheit, über die offene Flanke der offenen Gesellschaft«. Einigermaßen melancholisch wird das mögliche, nicht zwingend wahrscheinliche Ende der Liberaldemokratie befürchtet. Ein Essay, der an vielen Stellen den Dialog einfordert, aber er bleibt einmal mehr verhaftet in der bipolaren Links-Rechtshaberei. Angriffe auf die Bildungsreformen, auf die »Feierabend-Pandämonien« der Theater »aus Perversion, Gewalt und Obszönität«. An keiner Stelle der Versuch, die wirkliche und veränderte Lage unserer Gesellschaften des 21. Jahrhunderts zu deuten und – etwa der Politik – zu helfen, Gegenwart neu zu sehen, um die Zukunft leichter zu meistern. Da bleibt der Konservative Joachim Fest vorsichtig: »Die Frage, wie dennoch der Grund des Bestehenden gesichert, das Bewußtsein eines sinnvollen Lebensganzen hergestellt und, damit eng verknüpft, die metaphysische Bedürftigkeit der Menschen auf eine Weise gestillt werden kann, die ein Zusammenleben in Formen geordneter Freiheit möglich macht, ist schwer zu beantworten.«

Aber genau darum ginge es. Dieser Frage darf sich der intellektuelle Diskurs, dieser Antwort kann sich die Politik nicht entziehen. Solange die konservativen Vordenker vor der machtpolitischen Frage zurückschrecken, etwa nach den Organisatoren des gewaltkranken Privatfernsehens, auf die Werbetechniker, die es als Millionenerzieher auf die Kaufsprengkraft der Kinder und Jugendlichen abzielen, solange zielt der Vorwurf, die Bildungsreform sei mit schuld an der Misere, ins Leere.

So werden die Schlachten von gestern geschlagen, auf Feldern, die bereits im Archiv oder im Museum zu bewundern sind. Und daraus wird dann von rechts giftige Munition für den Kampf gegen den politischen Gegner fabriziert. Wie leicht sich die alten Muster nutzen lassen für neue Schlachten, zeigte Helmut Kohl, als er 1993 seine bildungspolitischen Sorgen über die Gewalt an Schulen, die Lähmung der Hochschulen und der Forschung (ein Jahrzehnt nach seinem Regierungsantritt) polemisch gegen die Linke wandte: den Boden bereitet hätten »manche der sogenannten Reformversuche im Bildungswesen... Ich bringe ein Beispiel, das wir oft genug gehört haben: ›Gewalt gegen Sachen mag ja erlaubt sein, nur Gewalt gegen Personen ist es nicht.‹« Nichts hatte dieser Satz einer APO-Gruppe vor einem Vierteljahrhundert mit den Schul- und Bildungsdramen der neunziger Jahre zu tun, aber er läßt sich trefflich nutzen, um sich den Aufgaben der Zeit zu entziehen. Im Parlament, wo Kohl am 16. Juni 1993 diese Rede hielt, riefen wir dazwischen, dieser Hinweise sei Unsinn, daraus macht Kohl einen Return wie beim Pingpong. »Ich weiß nicht, warum Sie sich jetzt aufregen. Warum ziehen Sie sich diesen Schuh an?« (Was niemand im Saal getan hatte). Aber der Knappe des Kanzlers, Wolfgang Schäuble, ruft dazwischen: »Weil sie getroffen sind!« Die Munition für die Fortsetzung der Bipolarität wird bald ausgehen. Geisterschlachten von gestern helfen nicht bei den Dramen von heute. Zivilität läßt sich nicht verordnen, sie ist die

Lebenskultur, entstanden aus den Milliarden Begegnungen am Arbeitsplatz, in den Familien, in der Nachbarschaft, auch aus den Formen des intellektuellen Disputs.

Die Linke wie die Rechte, die Liberalen, die Sozial-Demokraten wie die Konservativen können sich nicht leisten, nicht miteinander zu sprechen. Wir dürfen uns nicht gegenseitig nur benutzen, um die Bestätigung der lang gestauten Meinungen von uns selbst, von der Welt und vom intellektuellen Gegner (was immer das sein mag) zu konservieren. Wir alle wissen einigermaßen wenig von der Welt, in die wir jetzt nach dem Fall der Mauer geraten sind. Einfach deshalb, weil es diese Welt so noch nie gegeben hat. Sie ist keine Wiederholung früherer Zustände.

Wir alle wissen aber relativ viel von den Gefahren dieser neuen Welt, wir sind Zeugen ihres Terrorpotentials. Edgar Morin, der französische Philosoph, hat für die Grundhaltung der Geistesgeschichte Europas die »*Dialogique*« ausgemacht. Sie ist in Deutschland nach Weimar zerstört worden, sie hat sich mühsam wiederhergestellt und behauptet in der Bundesrepublik, und sie ist in der Hoch-Zeit des verinnerlichten kalten Krieges eingefroren worden zum manichäischen Pro und Contra. Zivilität ist ohne *Dialogique* undenkbar. Zivilgesellschaft kann ohne eine neue Verantwortung der Intellektuellen sich nicht behaupten.

Ich male sie nicht neu, die düstere Rüstung der apokalyptischen Reiter, zeichne keinen Siebdruck vom allgemeinen Untergang. Da halte ich es mit Ulrich Beck: Auch ich bin »pessimismusmüde«. »Die allgemeine Schwarzmalerei noch einmal nachzuschwärzen erscheint mir wenig reizvoll. Das ist doch evident, mit der Wirklichkeit kann die schwärzeste Phantasie nicht mehr mithalten.«

Jens Reich hat auf die Frage »Was tun?« Auszeit in Anspruch genommen. »Das Recht«, wie er schreibt, auf

»Verweigerung der Aussage. Das Menschenrecht auf Ratlosigkeit«. Er ist ehrlich genug, schlicht zu schreiben: »Ich weiß die Antwort nicht. Ich weiß nur, daß Ratlosigkeit nur dann produktiv werden kann, wenn ich sie nicht martere. Wer bündige Antworten hat, schwindelt sich in neue Illusionen. Ich werde mich hüten, wie ein Evangelisationsprediger die Ekstase herbeizusuggerieren. Wer alles zur Katastrophe programmiert sieht, wird selbst zum Faktor, der sie herbeiführt.«[19] Reich beschreibt die 40 Jahre erzwungene Stabilität im DDR-Gehorsam, und den Aufgalopp in dem Vierteljahr der zivilen Revolte.

Vom September 1989 bis zum Dezember 1989 sind vielleicht zum einzigen Mal in diesem Jahrhundert die Geschwindigkeit der wirklichen Zeit und das Tempo unserer Gedanken zusammengeraten. Eins geworden. Ich befürchte, daß genau in jenem Moment des Mauerfalls die Vollbremsung vieler Westintellektueller eingesetzt hatte. Mit dem trotzigen Satz »Ich will nicht vereinigt werden« sprach der kluge Erich Böhme im ersten Moment vielen aus der geschockten Seele.

Aber als sich dann die Ereignisse jagten, machten die Denker die Vollbremsung. Bis 1989 hatte die Stabilität der Wirklichkeit den Galopp der Entwürfe bewirkt. Bis die Mauer fiel. Eine kurze große Zeit trabten beide im glücklichen Aufbruch nebeneinander. Jetzt jagt die »Politik – aber ohne Projekt«. (So der Titel eines Sammelbandes, herausgegeben von Siegfried Unseld.) Manchen Intellektuellen ist für das, was jetzt geschieht, nur der moralische Aufschrei geblieben, oder der wütende Gestus des Staatsanwalts.

Und doch. Aufklärung über die präzise Bemühung, mit den Widersprüchen und Unaufhebbarkeiten unserer neuen Nachmauerzeit umzugehen, fehlt allenthalben. »Nach dem Zusammenbruch der Ost-West-Weltord-

<hr />

19 Jens Reich, *Abschied von Lebenslügen*, Rowohlt, Berlin 1992, S. 174

nung ist es eigentümlich still geblieben um Versuche, den Anspruch der verratenen und verdammten Aufklärung Europas gegen die regierende Ratlosigkeit zu erneuern.« Ulrich Beck ist einer der wenigen, die sich bemühen, uns die Augen zu schärfen für die neuen Lagen, in die wir geraten sind. Michael Walzer in den USA, in Frankreich vielleicht Alain Touraine mit seinem großen Versuch über das Ende der Modernität.

Daß es auf die Verelendung der Welt und die Massenfluchten keine Antworten im alten Sinne der Politik gibt, daß beides aber politische Zwänge auslöst, denen sich lokale und globale Verantwortung stellen muß – vor diesem Problem stehen derzeit die Politiker wesentlich dramatischer als die noch vom kalten Krieg geprägten Intellektuellen: Manche stehen am Straßenrand, wie Cäsar im Circus Maximus, und notieren mit Daumenzeig, wo die alte Ordnung verraten wurde und Verdammung notwendig ist. Wir spielen nicht mehr im Schatten der Mauer, wir sind umstellt von Gewalt und umnebelt von den tausend Begründungen, die auf Halde liegen, zu jedermanns gedankenlosem Gebrauch.

II. Vorsichten eines Europäers – Zivilität und Terror

Ich befasse mich im zweiten Teil dieses Buches also mit Gegenständen, die Gegenwart und unmittelbare Zukunft betreffen, oft präsentiert auf Filmrollen der Vergangenheit. Wieder nähere ich mich in der Wahrnehmung des hineingeratenen Individuums. Jetzt allerdings sind es weniger die eigenen Prägungen, *denen ich nachgehe, als die* Signale *der* Wiedererkennung. Die schrecklichen, nicht *mehr erwarteten déjà vus der vergangenen vier Jahre.*

Europa – Krieg gegen das Projekt Zivilität

> »Das Geheimnis Europas ist, daß es
> das Leben nicht mehr liebt... Die
> Menschen Europas vergessen die Ge-
> genwart im Blick auf die Zukunft,
> ... sie verzweifeln an der Freiheit der
> Personen und träumen von einer be-
> fremdenden Freiheit der Gattung, sie
> glauben nicht mehr an das, was ist, an
> die Welt und den lebenden Menschen.«
>
> Albert Camus

Wahrscheinlich hat Albert Camus auch für diesen verzweifelt klingenden Satz den Spott des Aufklärers Jean-
Paul Sartre geerntet. Die Notiz endet mit einem Traum
vom neuen Europa, den der revoltierende Mensch
träumt. »Dann erwacht die sonderbare Freude, die zu leben und zu sterben hilft, und die auf später zu verschie-
ben wir uns fortan weigern... Mit ihrer Hilfe werden
wir während langer Kämpfe die Seele dieser Zeit erneuern, und ein Europa, das nichts ausschließen wird.«
So verstand sich das zivile Europa nach dem Zweiten
Weltkrieg: Demokratie, Einheit, westlich geprägter Frie-
denswille nach innen und außen, zusammengehalten
vom militärischen und ideologischen Druck jenseits der
Mauer. Dort, auf der anderen Seite, wurde das europäische Erbe des Humanismus anders eingebaut in den
auch als *modern* verstandenen diktatorischen Staat.
Aber beiden so verfeindeten Blöcken schienen einige
Grundprinzipien gemeinsam, trotz aller Unversöhn-

lichkeit: Zumindest verbal lehnten beide Lager den Rückfall in nationalistische Sackgassen ab. Beide beanspruchten »Internationalität« als positives Ziel. Beide Blöcke nahmen in Anspruch, daß rassistische Ideologien keinen Platz mehr haben dürften in ihrer modernen Welt. In vielen Resolutionen zu Südafrikas Apartheid schienen sich Amerikaner und Sowjets ebenso einig wie Westdeutsche und Ostdeutsche. Natürlich versuchte jede Seite, die andere noch einmal in die Nähe des gemeinsam Geächteten zu rücken: Dem Westen wurde Apartheid-Nähe vorgeworfen, dem Osten imperialistische Ziele. Aber die gegenseitige Vorwurfs- und Ächtungsmechanik funktionierte auf der Basis von prinzipiellen, wenn auch in der Regel nur verbalen, Gemeinsamkeiten.

Der deutsche Intellektuelle konnte sich sowohl in den Ost-West-Gegensatz als auch in die prinzipiellen Übereinstimmungen mehr oder weniger elegant einfügen. Irgendein Plätzchen für eine günstige moralische oder politische Positionierung blieb immer. Auch die rechtsextremen Diktaturen, die sich dem Westen zuordnen ließen – Paraguay, Argentinien, das Obristen-Griechenland, früher Franco-Spanien und Salazar-Portugal – konnten sich dem antirassistischen Konsens der UNO nie ganz entziehen, selbst da wo sie es liebend gerne getan hätten. Auch sie mußten in verbale Distanz zu Hitler und Mussolini gehen, auch sie mußten sich vom nationalistischen Rassismus mehr oder weniger fern halten.

Zumindest in der Theorie hatte sich auch die nachstalinistische kommunistische Diktatur auf das Ziel der Zivilität – das friedliche Zusammenleben von Menschen unterschiedlicher Religion, Rasse oder Kultur – festgelegt. Als diese Diktaturen zerbrachen, stand darum mehr oder weniger zweifelsfrei fest: Jetzt geht es um die Zivilgesellschaft, um den Aufbau von Demokratie, Rechtsstaat und Marktwirtschaft, mit welch schmerzlichen Umwegen auch immer. Uns allen stand das zivile Europa vor Augen.

Die Zuordnung der Bürger nach Abstammungskriterien – der Kampf dagegen hatte sich immer wieder als mein Lebensthema gezeigt – schien ein für alle Mal erledigt. Mit rechtsextremen Randgruppen muß jede Demokratie rechnen – und auch fertig werden. Welch grandiose Fehlhoffnung. Über Nacht hat auch Westeuropa rassistische antizivile Positionen der Kriegsführenden im ehemaligen Jugoslawien im Prinzip akzeptiert und hat sich in der Diskussion über den Bosnienkrieg von den zivilen Grundpfeilern des modernen Staats und der Gesellschaft verabschiedet. Darum widmet sich dieser zweite Teil des Buches den neuen *Vorsichten* gegenüber einem Konflikt, dessen Ausgang auch für Westeuropa überlebenswichtig sein wird: völkischer Terror gegen demokratische Zivilität.

Balkankrieg, Migration und die Bedingungen für ein verbindliches Gewebe zum Schutze von Minderheiten – das sind die Themen, die mich seit 1990 umtreiben. Ich hatte sie bis dahin für intellektuell weitgehend überwunden gehalten. Ich hatte mich getäuscht.

Der Konsens über das zivile Europa, das uns westlichen Demokraten nach dem Fall des Kommunismus vor Augen stand, ist am Krieg im ehemaligen Jugoslawien zerbrochen: Das Europa, in dem nie wieder Völkermord geduldet werden sollte, gibt es nicht mehr. Westeuropa hat diesen Krieg in einer Art optischer Täuschung erlebt; das Land, das den Begriff Dritte Welt vor vierzig Jahren mitgeprägt hatte, lag nicht hinter Ozeanen. Es ist europäischer Nachbar, Millionen seiner Bürger haben in den letzten Jahrzehnten als Gastarbeiter im EG-Europa gearbeitet, Millionen EG-Europäer hatten ihren Sommer an der jugoslawischen Adriaküste verbracht. Jetzt sind Teile des ehemaligen Jugoslawien zum Schauplatz des ersten modernen Terrorkrieges nach 1945 geworden. Terror um Abstammung und Abtrennung, um Zugehörigkeit und Ausschließung. In schein-

bar anderen Worten und mit dem tödlichen Folklore-
hauch »Balkan« verbrämt, melden sich die dreißiger und
vierziger Jahre des deutschen Rassewahns: Wer Serbe,
wer Kroate ist, bestimmen die Mächtigen.

Die Millionen dazwischen – die Kinder und Enkelkinder, deren Großväter und Großmütter noch in die
Moschee, deren Eltern in die orthodoxe oder katholische Kirche gingen – werden zurückgestutzt in den völkisch definierten Zugehörigkeitswahn. Seit Ausbruch
des Bosnienkrieges sind in der Industriestadt Tuzla 36
Prozent aller Eheschließungen »Mischehen« zwischen
Angehörigen verschiedener Religionen. Die Stadtverwaltung schätzt, daß etwa ein Drittel der Bürger keiner
der Religionsgemeinschaften mehr zuzurechnen ist,
weil es sie nicht mehr interessiert oder weil sie oft Großeltern aus allen drei Religionen haben. Aber die Zuordnung wird zum politischen Bestimmungsgrund aller
Kriegsziele im Innern und aller Friedensüberlegungen
der internationalen Gemeinschaft.

Vielleicht leide ich unter der *deformation biographi-
que* und sehe Gefahren, wo andere nur vom »grausamen
Balkan« sprechen. Aber nach dreißig Jahren Gegner-
schaft gegen Apartheid in Südafrika, nach langen Jahren
des publizistischen und politischen Kampfes gegen Abstammungszwänge, entsetzt mich die Leichtfertigkeit,
mit der manche meiner Politiker-Kollegen Begriffe nutzen, die am Kern der Bedrohung vorbeizielen: Das ist
kein »Bürgerkrieg«, wenn die Gewalt von früheren kommunistischen Bürokrateneliten gelenkt und der Haß
durch Terror aufgestachelt wird. Die rumänisch-deut-
sche Schriftstellerin Herta Müller beschreibt den Irrweg
vieler »Beobachter« präzis: »Die Worte ›Bürgerkrieg‹
und ›die beiden Konfliktparteien‹ wurden auch in den
deutschen Medien eingesetzt für das, was in Slowenien,
Kroatien und Bosnien geschah. Drei Jahre lang ... wurden diese Worte nicht korrigiert. Es wurde lange von
Krise, statt von Eroberungskrieg gesprochen. ›Bürger-

krieg‹ gibt vor, daß Serben und Muslime von sich aus, ohne das Zutun Belgrad, aufeinander losgegangen seien. Von der großserbischen Landkarte, von der modernen Staatsarmee der Serben und den leeren Händen der Muslime schweigt das Wort ›Bürgerkrieg‹.«[20]

Es fehlt noch ein Jahr, dann dauert der Jugoslawienkrieg so lange wie der Erste Weltkrieg, es fehlt noch ein Jahr, dann dauert der Bosnienkrieg halb so lange wie der Zweite Weltkrieg. Die Opfer? Eine Zahl zum Vergleich.

Ich engagiere mich seit über einem Jahrzehnt in Guatemala gegen staatlichen Terror, unterstützte dort lange aktiv ein Menschenrechtskomitee. Seit dem Militärputsch vor vierzig Jahren, also von 1953 bis Anfang der neunziger Jahre, gab es dort nach der Schätzung von Menschenrechtsorganisationen über 150.000 Tote durch politische Gewaltanwendung. Die Zahl der zivilen Opfer im Bosnienkonflikt hat die zweihunderttausend nach zwei Jahren überschritten.

Der Jugoslawienkrieg, verstanden als Krieg zwischen Terror und Zivilität, ist uralt und zugleich der modernste aller Kriege. Uralt? Physische und seelische Grausamkeiten, die mittelalterlich zu nennen eine Schmähung des Mittelalters wäre. Ich erinnere mich an die Androhung eines serbischen Tschetniks, der vom ZDF im Sommer 1992 gefragt wurde, was seine Leute machen würden, wenn Europa oder Amerika eingriffen, war seine Antwort: »Die Flüsse vergiften!«

Es ist ein Krieg, der Kapitulation oder gar Friedensabkommen ad absurdum führt. Die Bosnier haben keine Chance, sich den siegreichen Truppen der bosnischen Serben zu »ergeben«. Wo dies zu Beginn des Krieges versucht worden war – etwa in der Region um die Stadt Zvornik –, haben Massaker sofort nach Niederlegung der Waffen begonnen; und der vorbereitete Vertreibungs-

---

20 Herta Müller, *Von Menschen nicht mehr zu bewohnen*, *FAZ*, 27.4.1994

terror: Haus- und Landraub, Mord und Vergewaltigung durch ehemalige Nachbarn, aber auch vorbereitete Enteignung unter Mordandrohung mit vorgedruckten Verzichtserklärungen.

Der moderne Vernichtungs-Krieg – nach dem vermuteten Ende aller Kriege. Im Sommer 1966 hatte der Journalist Sebastian Haffner einen grundsätzlichen Essay über die Revolutionskriege Mao Tse-Tungs veröffentlicht. Die Lektüre, ein Vierteljahrhundert danach, zeigt einen geradezu ehrfürchtigen Autor, der in Maos langem Marsch die Chance zum Ende aller Kriege vermutet. Haffner zitiert hoffnungsvoll den Revolutionsdiktator selbst: »Der Krieg, dieser Greuel der Menschenschlächterei, wird durch den Fortschritt der menschlichen Gesellschaft in nicht allzu ferner Zukunft endgültig abgeschafft sein... Zweifellos ist der Krieg, den wir jetzt führen, ein Teil dieses letzten Kampfes.« Haffner fragt, ob Mao nicht recht habe, ob nicht »eine ganze Klasse und Gruppe von Kriegen durch Mao ihres Sinnes beraubt und damit wahrscheinlich für die Zukunft abgeschafft worden« sei. »Indem er den Armen und Schwachen eine Kriegstechnik an die Hand gegeben hat, die nur von ihnen und nur in ihrem eigenen Land anwendbar ist, sie dort aber unbesiegbar macht, hat er nach menschlichem Ermessen den Kolonialkrieg abgeschafft. Damit tritt Maos Kriegskonzeption neben die Atombombe, die eine andere Art Krieg sinnlos gemacht und daher nach menschlichem Ermessen abgeschafft hat: den Hegemonial- und Eitelkeitskrieg der stärksten Großmächte untereinander... Wenn aber die Atombombe den Krieg der Großmächte untereinander und die Maosche Totalguerilla den Krieg der Großmächte gegen die Armen und Schwachen seines Sinnes beraubt haben – was bleibt? Mit welcher Art Krieg muß man für die Zukunft noch rechnen? Dem Krieg der Schwachen untereinander? Und um was sollte der geführt werden?«[21]

Einige Jahre später war der Vietnamkrieg entschieden. Sein Ausgang schien Haffners Hoffnung recht zu geben. Die Schwachen hatten die Starken geschlagen. Maos Weltmodell hatte seinen vorerst letzten Sieg errungen. Aber dann ist nichts mehr so gekommen, wie es in den sechziger Jahren erwartet wurde. Der algerische Sieg der FLN hat vielleicht schon Ende der fünfziger Jahre die Grundlagen gelegt für den Algerienkrieg der neunziger, zwischen Fundamentalisten und Säkularisten.

Der neue moderne Krieg stellt sich als Terror dar. Terror gegen die zivile Gemeinschaft von Menschen in nicht-völkische, sondern in wirtschaftliche und kulturelle Bindungen. Wir hatten uns geirrt, solcher Terror, nicht der atomare Endschlag, ist der entscheidende Krieg gegen die Zukunft des Menschenlebens auf dieser Welt. Denn homogene Gesellschaften gibt es allenfalls noch in Ostasien – aber weder in Europa, noch in Afrika und Amerika. Gesellschaften ohne das Projekt übervölkischer Zivilität liefern sich diesem Terror aus.

Dieser Krieg gegen das Projekt Zivilität, wie er im ehemaligen Jugoslawien geführt wird, hat den kalten Krieg abgelöst. Er signalisiert, wie in Aserbeidschan oder in Georgien Mitte der neunziger Jahre, den technisch modernen Abstammungs- und Vertreibungskrieg. Der Terror in Städten und Dörfern wird begleitet von den mit großem High-Tech-Propagandaaufwand inszenierten, angeblich uralten ethnischen und religiösen Fehden.

Am 28. Juni 1989 war es dem serbischen Nationalisten Slobodan Milosević, ein Jahr nach seiner Ernennung zum Chef der Kommunistischen Partei in Serbien, gelungen, nahezu eine Million Menschen serbischer Nationalität zum Abfeiern eines nationalen Ereignisses in

21 Sebastian Haffner, *Der Neue Krieg*, in: Mao Tse-Tung, *Theorie des Guerillakriegs*, Reinbek 1966

die Nachbarprovinz Kosovo zu locken. Ein Fest wurde zelebriert, das die anderen Gruppen und Völker Jugoslawiens frösteln machte. In Autos und Bussen ins Kosovo eingefallen, sollte die Million Menschen einer Schlacht gedenken, die vor sechshundert Jahren verloren worden war.[22]

Der neue Nationalismus der alten Bürokraten und Militärs, die Milovan Djilas vor Jahrzehnten die »Neue Klasse« genannt hatte, feierte seine Premiere im Kosovo, wo über siebzig Prozent der (damals) jugoslawischen Bürger nicht serbischer, sondern albanischer Abstammung sind. Die krankhafte Zukunftsangst der seit Titos Tod verunsicherten serbischen Militär- und Parteieliten hatte ihre Therapie und deren Medikamente gefunden: völkischer Nationalismus und Hegemonial-Phantasien. Als die Feierer ins heimatliche Serbien zurückfuhren, hatten sie den neuen postkommunistischen Krieg erklärt. Die ideologischen Zutaten sind bekannt. Die Geschichte als Täter, die eigenen Leute als Opfer. Die Greuel der deutschen Besatzung im Zweiten Weltkrieg wurden vermischt mit Erzählungen von der Türkenherrschaft. Diese Revitalisierung nationalistischer Gefühle durch Literatur hätte keine Chance gehabt in der modernen Gesellschaft, wenn sie nicht von verunsicherten Eliten organisiert worden wären, die an der Macht im Staat, im Militär und in den Medien krampfhaft festhielten. Das gilt ähnlich für den kroatischen Nationalismus des Franjo Tudjman.

Das ist der moderne Krieg: in der Form vergleichbar dem europäischen dreißigjährigen Religionskrieg des siebzehnten Jahrhunderts. Auch der Territorial-Sieger hat keine Chance, auch seine Wirtschaft kann nicht aus eigener Kraft, sondern nur mit Alimentation von außen

---

22 Zur Bedeutung und zur Umdeutung der Erinnerung an die »Schlacht auf dem Amselfeld«, vgl. Johannes Grotzky, *Balkankrieg*, München 1993, S.62 f.

wieder auf die Beine kommen. Kriege können die alten kommunistischen Eliten noch führen, den Frieden nicht.

Chiffren der Jahrtausendwende. Beides scheint einander zu bedingen: die Gefahr global gemeinten, aber lokal wirkenden Terrors und die Chance der lokal stabilen, aber global orientierten Zivilität. Auch bei uns verstand sich der Vertreibungsterror in Rostock, Solingen und Mölln als Abmarschbefehl an die, die »nicht dazugehören«. Das ist kein nationalstaatliches Phänomen mehr. Auch die Rechtsterroristen operieren in übernationalen Gewaltverbindungen und mit elektronischen Kommunikationstechniken.

Die neunziger Jahre zeigen: Zivilität und Terror sind die Chiffren der Jahrtausendwende.

Die neue, erst durch die Satelliten und Elektronik mögliche globale Sofortinformation ist seit Ende der siebziger Jahre nicht mehr ausschließlich in der Kontrolle staatlicher oder quasistaatlicher Agenturen (die die alten Telexleitungen, die schwerfälligen Flugverbindungen weitgehend kontrollierten). Wenn alle über alle Abend für Abend informiert werden können, wenn zugleich die jeweilige Tätergruppe weltweit ihre Gegenschilderung per Fax oder Telefon darstellen kann, wenn die jeweiligen Konfliktparteien Menschen oder Meinungen global mobilisieren können, dann hat der alte Krieg zwischen Staaten, hat der traditionelle Konflikt ausgespielt.

Zivilität ist die Chance dieser technischen Globalisierung, Terror ihr tödliches Risiko. In unsere Gegenwart transportiert durch den Aufgalopp der drei Globaltechnologien: Fernsehen, Ferntelefon, Fernflugzeug. Erst mit einem Zeitverzug von etwa zwei Generationen hatte die Eisenbahn und fast ein Jahrhundert später das Automobil die innergesellschaftliche, die zwischenstaatliche

Mobilität entscheidend verändert. Wie die Eisenbahn im 19. Jahrhundert, hat das Flugzeug im 20. sowohl die Ökonomie als auch die Formen des Krieges neu geprägt.

Von allen bemerkt, aber im politischen Diskurs kaum beachtet, hat die elektronische Gleichzeitigkeit, realisiert erst in den achtziger Jahren, nicht nur die modernen Börsenvorgänge auf ebenso produktive wie gefährliche Weise revolutioniert. Auch die Formen der Konfliktaustragung verändern sich. Ich kann mich nur sehr subjektiv und spekulativ diesem Gestaltwandel des Politischen nähern.

Ich vermute, daß die Folgen dieser Globalisierung in nächster Zukunft mindestens so viel Anstrengung der Politik erfordern wie die wichtigen anderen großen Fragen der neunziger Jahre: die Wirtschaftspolitik, die Arbeitskultur, die Grenzen der Belastbarkeit der Natur. Auf diese Fragen hatte ich mich in den siebziger Jahren und Anfang der achtziger konzentriert.[23] Mein sozialdemokratischer Kollege im deutschen Bundestag Michael Müller hat in den vergangenen Jahren in vielen wichtigen Publikationen immer wieder die Verbindung zwischen ökonomischer Logik und globalen ökologischen Zwängen herausgestellt. Das Ausblenden solcher Fragen in dieser Schrift ist für mich keine politische Abkehr von jenen Themen, sondern unvermeidbare Begrenzung. Ulrich Beck mißt der ökologischen Zukunftsangst neue demokratische und zivile Bindekraft zu, ich teile seine Hoffnung, nicht die sichere Überzeugung, mit der er sie vorträgt.[24]

Scheint die Irrationalität der neuen Kriege der alten Eliten auch allzu absurd – sie werden nicht einmal

---

23 So in der von mir gemeinsam mit Ivan Illich und André Gorz gegründeten Vierteljahresschrift *Technologie und Politik*, seit 1975
24 So in *Ökologie an die Macht*, Gespräch mit Ulrich Beck, ersch. in *Die Woche*, 7.4.94

durch die kurzfristige ökonomische Rationalität gebremst: Um wieviel schwerer haben es dann die ökologischen Warner, dem zerstörerischen Machtkampf der Herrscher von gestern aufzuhalten? Denn das zeigt das jugoslawische Drama: Es kämpfen keine ökonomischen Klassen um künftige Vorteile, sondern alte bürokratische Kasten ums Überleben. Sie lenken die völkischen Haßkampagnen. Sie eint eine doppelte Erfahrung: Wer an der Macht bleiben will, der braucht eine Ideologie, wem es gelingt, der wird alimentiert. Wenn nicht aus der eigenen Wirtschaft, dann von außen. Da spielen ökonomische Rationalität und ökologische Vernunft kaum noch eine Rolle.

Der Bosnienkrieg ist der Sprengstoff, aus dem Europas Alpträume sind: Breiten sich die Vertreibungskriege im Osten und Südosten des Kontinents aus? Wie verändert sich die Gesellschaft Europas unter dem Druck der Globalisierung und ihrer technologischen und der psychologischen Konsequenzen?

Wie entwickelt Europa einen wirksamen Schutz *von* Minderheiten, aber zugleich auch Schutz *vor* Minderheiten, die versuchen, die völkische Zuordnung der Bürger herbeizubomben? Wie stabilisiert Europa die Garantien für die Rechte der einzelnen Bürger, auch gegen die Herkunftszwänge? Wie überlebt die Zivilgesellschaft?

Terrorformen des algerischen Krieges, Bantustanphantasien entlehnt aus Südafrika, völkischer Nationalismus aufgelesen auf den Trümmerstraßen der deutschen Nazis – auch die vergessenen Kriege aus den Archiven unserer Seele sind zurückgekehrt.

Es gibt nur Verlierer – oder
Wer zuletzt lacht, lacht sich tot

> *»Die unbeschreibliche Brutalität, deren
> Zeugen wir in Bosnien sind, ist kein Ne-
> benprodukt blinder Aggression, sie wird
> begangen im Namen einer Doktrin, der
> Doktrin des ethnischen Staates.«*
>
> George Soros

*Parteinahme oder Das Verstummen der Intellek-
tuellen.*   Zurückgekehrt nach Europa ist nicht nur
der Krieg, zurückgekehrt ist auch der Völkermord. Gelähmt schwiegen die deutschen Intellektuellen. Nach Sarajewo zum Arbeiten für künstlerische Projekte fahren
die Amerikanerin Susan Sontag und der Franzose Ber-
nard Levy. Tausende von Helfern sammeln in Deutschland und in ganz Europa Hilfsgüter. Aber die Linken,
die Partei ergriffen hatten bis zur Forderung nach Waf-
fenhilfe für die Entrechteten in El Salvador und Nicara-
gua, schweigen seit zwei Jahren. Die Contras in Nicara-
gua wurden vom polaren Weltgegner USA finanziert
und ausgerüstet. Da sprach niemand vom »inneren Bürgerkrieg«, in den man sich nicht einmischen dürfe, sondern zurecht von ganz massiver äußerer Einwirkung.
Die Contras waren die Gegner – vom CIA finanziert.
Die serbischen Tschetniks des Doktor Karadjić werden

auch von außen, von Belgrad dirigiert und munitioniert. Sie haben den ersten europäischen Genozidversuch nach 1945 unternommen, und viele Linke in Deutschland strafen die wenigen, die eindeutig zugunsten des bosnischen Staates Partei ergriffen hatten, mit dem Schmähwort »Militaristen«.

Wir blieben wenige, unter ihnen Rupert Neudeck, Daniel Cohn-Bendit, Marie Beck-Oberdorf, Peter Schneider, Tilman Zülch, der CDU-Abgeordnete Stefan Schwarz, die Partei ergriffen hatten für die schwächere Seite, für die am Anfang Wehr- und Waffenlosen, für die Überfallenen, aber auch für den nach Völkerrecht und KSZE-Vertrag rechtmäßigen bosnischen Staat und seine durch eine Abstimmung und weltweite Anerkennung legitimierte Regierung. Anscheinend mußte nach altem bipolaren Muster eine Zuordnung erdichtet werden: Belgrad ist auf der Skala eher links, Zagreb eher rechts. Die serbische Republik gilt nach wie vor als Opfer des Faschismus, die Kroaten als Bündnispartner der deutschen Täter. (Aber welcher Deutsche darf sich anmaßen, »die Kroaten« allesamt als »potentielle Faschisten« zu kennzeichnen?)

Der alte Musterkoffer ist noch da. Mit ihm wird die Distanz zum zweiten Völkermord in Europa gerechtfertigt.

Dieser Krieg wird die politische Zukunft Europas im 21. Jahrhundert aus mehreren Gründen bestimmen:

– Die Apartheid-Ideologie von nach Herkunft oder Religion homogenen Gesellschaften, für Europa der lebensgefährlichste aller Irrwege, war durch Europas Unterhändler David Owen und seine Teilungsvorschläge für Bosnien salonfähig gemacht worden. Damit stehen Definition und Schutz von Minderheiten unter grausamen Vorzeichen auf der Tagesordnung: Die Rechtsextremisten aller Länder werden sich aus dem Argumentenkasten der »ethnischen« Teilungspläne genüßlich versorgen.

- Die westeuropäischen Regierungen haben in entscheidenden Phasen auf diesen Krieg sehr viel nationalstaatlicher reagiert, als die erreichte Integration Europas noch hätte ahnen lassen.
- Die friedlichen Mittel der Konfliktlösung, wie sie die Friedensbewegung entwickelt hatten und wie sie inzwischen unter den Mitgliedsstaaten der KSZE (Konferenz für Sicherheit und Zusammenarbeit) vereinbart wurden, sind in allen Mitgliedsstaaten diskreditiert: Jeder weiß jetzt, wenn er angegriffen wird, dann kann er keine Hilfe von außen erwarten, also wird regional, von Rumänien bis Wladiwostock, die Aufrüstung, wird der Rüstungsimport und der Waffenschmuggel Aufschwung nehmen. Der neue Atomkriegsdroher Schirinowski und seine Geistesvettern wissen, den von ihnen Bedrohten jenseits der russischen Grenzen wird niemand zu Hilfe kommen.
- Alle Übereinkommen zum Schutze von Minderheiten, die die KSZE untereinander getroffen hatten, sind im ehemaligen Jugoslawien mißachtet worden, also sind auch sie in den KSZE-Mitgliedsstaaten stark diskreditiert.
- Das Verhältnis Europas zu seinen eigenen etwa 10 Millionen Muslimen und das Verhältnis der Muslime außerhalb Europas zu den bei ihnen lebenden fast ebensovielen Christen (von Marokko über den Libanon bis Malaysia) wird von den Terrorformen dieses Krieges bestimmt werden. Im März 1994 erringen die Fundamentalisten in der Türkei erhebliche Gewinne und stellen die Bürgermeister in Istanbul und Ankara. Das wichtigste außenpolitische Thema ihrer Partei: »Der Mord Europas an seiner einzigen historischen muslimischen Minderheit.«
- Vorstufen einer Entwicklung, wie nach 1948 in Palästina, der erzwungenen Massenflucht der Muslime aus Bosnien sind bereits erreicht.

Im Wettlauf zwischen den beiden Globalisierungsten-
denzen – der zivilen und der terroristischen – scheint
der Bosnienkrieg ein Sieg des Terrors über die Zivilität.
Ihr wieder Chancen zu schaffen nach Abschluß eines
faulen Friedens, der die Waffen zum Schweigen bringt,
aber die Wunden nicht heilt und die Narben nicht verschwinden läßt, wird Europas schwerste Aufgabe sein.

Das sind die Gründe, warum ich in diesen Konflikt
nicht »hineingeraten« war, wie in den algerischen oder
südafrikanischen. Diesen Krieg habe ich aufgesucht. Ich
bin Mitglied des Auswärtigen Ausschusses des deutschen
Parlaments, gewählt und bezahlt, dabei mitzuwirken,
Gefahr von meinen Wählern, meinem Land und von
Europa fernzuhalten.

Ich habe Partei ergriffen für den Schwächsten in diesem Konflikt, nicht allein aus humanitären Gründen –
aus diesen auch –, sondern weil Erfahrungen gelehrt haben, daß die Schwächsten von heute der Explosionsstoff
von morgen sind. Diesmal betrifft er Europa.

Die genannten Gründe haben mit politischen Maxi-
men der Linken meiner Generation und meiner eigenen
politischen Arbeit zu tun. Galt nicht für uns:

– Jede Duldung des Abstammungswahns als rassisti-
  sche Apartheid-Politik und als Fehlinterpretation der
  Geschichte ein für alle Mal zu ächten?
– Beizutragen zur Zivilität, zur Kultur des Zusammen-
  lebens verschiedener Religionen, zum Schutz von
  Minderheiten gegen Mehrheiten, aber auch zum
  Schutz von Menschen gegen die Zwangszugehörig-
  keit durch Gruppenterror?
– Europa zu stärken, daß es seine eigenen Angelegen-
  heiten in der Lage ist auch alleine zu regeln?
– Den bilateralen nationalstaatlichen Machtkonstella-
  tionen des neunzehnten Jahrhunderts nie wieder eine
  Chance geben, statt dessen im gemeinsamen Europa
  den Nationalstaat überwinden?
– Die Rüstungsspiralen, die den gefährlichen Spreng-

handel unterhalb der trügerischen Stabilität des kalten Krieges erst ermöglicht hatten, zurückzuschrauben?

Völkermord – darf der Begriff angewandt werden? Während meines Lebens hat es mindestens vier Massenvernichtungen von Menschen gegeben, auf die die Kennzeichnung »Völkermord« nach der UNO-Völkermordkonvention von 1948 und nach unserem deutschen Strafrecht zutrifft:

Der Holocaust.

Der Massenmord an Chinesen in Indonesien in den sechziger Jahren.

Der Massenmord an Kambodschanern in den siebziger Jahren.

Die Massenmorde an Indios in Nordguatemala Anfang der achtziger Jahre.

Seit April 1994 gehört der Genozid und die Massenvertreibung in Ruanda zu dieser Aufreihung der Vernichtung.

Nach den Nürnberger Prozessen wurde Völkermord durch den Versuch eines internationalen Strafrechts, der »Völkermordkonvention von 1948«, strafbar. Aber seit Verabschiedung dieser Konvention blieben alle Genozide ungesühnt. Die Völkermordkonvention sollte künftige Genozide verhindern – sie ist nie angewandt worden. In Bonn hatte ich einen Disput mit meinem Fraktionskollegen Peter Glotz darüber, ob der Begriff des Völkermordes auf den Bosnienkrieg zutrifft.

Im Deutschen Strafgesetzbuch gibt es den nahezu unbekannten Paragraphen 220a. Er definiert Völkermord so:

»Wer in der Absicht, eine nationale, religiöse oder durch ihr Volkstum bestimmte Gruppe als ganze oder teilweise zu zerstören, Mitglieder der Gruppe tötet, Mitgliedern der Gruppe schwere körperliche oder seelische Schäden zufügt, die Gruppe unter Lebensbedingungen stellt, die geeignet sind, deren körperliche Zerstörung ganz oder teilweise herbeizuführen … wird mit lebenslanger Freiheitsstrafe bestraft.«

Der deutsche Gesetzestext hat 1954 die Bestimmungen der Völkermordkonvention wortwörtlich übernommen. Ich hatte im Juli 1992 in einem Zeitungsartikel die serbisch-jugoslawische Armee für solche Völkermord-Handlungen verantwortlich gemacht, übrigens auch kroatische Gewalt, durch die Serben umgebracht und vertrieben wurden. Ich hatte damals den Begriff »Vertreibungsterror« als erste Stufe des Genozids vorgeschlagen. (Und im Bundestag eine Initiative durchgesetzt, unterhalb des Begriffes »Völkermord« eine neue Konvention der UNO »Gegen Vertreibung« durchzusetzen.)

Peter Glotz will den Begriff Völkermord, angewandt auf Jugoslawien, nicht gelten lassen. Sein Argument: »Man verharmlost Hitlers Versuch, die Juden oder die Sinti und Roma von der Erde zu vertilgen, wenn man die Greuel, die der schwächsten der drei Volksgruppen in einem ethnonationalistischen Krieg angetan werden, auf die gleiche Stufe stellt wie Auschwitz.« Ich bin der gegensätzlichen Meinung. Die Völkermordkonvention, die ohne Auschwitz und die Nürnberger Prozesse nie auch nur gedacht worden wäre, hat von Anfang an anders herum argumentiert: Um künftigen Genozid zu verhindern, müssen auch seine Anfänge gekennzeichnet und sanktioniert werden. Auschwitz verpflichtet uns, auch schon solche Handlungen ernst zu nehmen, die Angehörige von Minderheiten mit dem Ziel umbringen, den Rest durch Terror in die Flucht zu jagen.

Für den Gewaltkonflikt im ehemaligen Jugoslawien nutzen Peter Glotz und andere Autoren den Begriff des »ethno-nationalistischen Kriegs«. Ihn gibt es nicht im Völkerrecht. Er verschleiert, er anthropologisiert Schuld unter einer pseudowissenschaftlichen Phrase. Er ist aber vor allem nicht akzeptabel, weil er sofort alle,

Opfer wie Täter, schuldig spricht: Sie befinden sich nun einmal im »ethno-nationalistischen Krieg«. Und da weiß man nie, wer angefangen hat. Die Neigung, realen historischen Vorgängen systematische theoretische Erkenntnisnetze überzuwerfen, mag hilfreich sein, wenn die Systematik bleibt, was sie allenfalls sein kann: Erkenntnishilfe. Wenn sie für die Realität genommen wird, ist sie zu jedweder Fehldeutung zu mißbrauchen.

Peter Glotz akzeptiert den Schritt des militärischen Beistandes für die Opfer nur unter der Bedingung, daß es sich um einen, wie er es nennt, Ausrottungskrieg handele: »Wer der Ausrottung eines anderen Volkes tatenlos zusieht, verwirkt seine Rechte.«

Was aber ist und wer definiert Ausrottung? Wenn sie beginnt oder wenn sie vollzogen ist? Darf das Opfer sich wehren? Sich wehren könnte ja wieder als »ethno-nationaler Krieg« gedeutet werden, bei dem von außen nicht eingegriffen werden darf, weil er unterhalb der Genozidschwelle passiert. Oder geht es um das Ausrottungs*motiv* der Täter? Das wäre schnell nachgewiesen. Soviel »Tod den Muslimen!«, wie man von serbischen Anführern gehört hat, so viele zerstörte Moscheen gab es seit den Kreuzzügen nicht mehr.

Ich hatte militärischen Beistand von außen für die Angegriffenen schon im Frühsommer 1992 gefordert. Denn es war Völkermord gleich zu Beginn. Am Samstag, den 16. Mai 1992, kamen in das kleine bosnische Dorf Zaklopaca morgens um 4 Uhr serbische Reservisten. Die Soldaten umstellten das Dorf und warteten bis 5 Uhr nachmittags. Dann kamen die Soldaten mit großer Verstärkung ins Dorf, unter ihnen der (serbische) Polizist Milomir Milosević aus dem Nachbardorf Milici. Zu den Reservisten hatten sich etwa 50 serbische Tschetniks gesellt, viele von ihnen maskiert. Auf einem ihrer Lada-Wagen war das Wort »Pokolj« (Massaker) geschmiert. Die Bosnier konnte einige der Serben erkennen, sie kamen aus Nachbardörfern. Der Moslem Haso

Hadzić, der zu fliehen versuchte, wurde als erster erschossen. Sein Mörder wurde ebenfalls von Frauen des Dorfes erkannt.

Am Abend des 16. Mai gab es keinen Menschen islamischer Herkunft mehr im Dorf. Alle waren getötet oder in die Flucht gejagt. Anfang Juni kamen 50 Frauen und Kinder – kein einziger Mann hat überlebt – in Zagreb an. Sie sind die Zeugen dieses Massakers. Des einen Massakers im Dorf Zaklopaca.

Es gibt inzwischen viele hundert Zaklopacas in Bosnien. Die Täter waren: reguläre serbische Soldaten, serbische bewaffnete Banden (Tschetniks) und vereinzelte Serben aus der Nachbarschaft, die ihre Opfer persönlich kannten. Nach der Ermordung und Vertreibung der Bewohner eigneten sich die Täter alles bewegliche Hab und Gut des Dorfes an, sie trieben das Vieh weg und raubten die Häuser aus. Von den bosnischen Flüchtlingen im Land selbst und außerhalb der bosnischen Grenzen werden Zehntausende ähnliches erlebt haben: Die muslimischen Bosnier werden ermordet, terrorisiert und vertrieben mit dem einzigen klar erkennbaren Ziel, Bosnien »frei« von Bosniern muslimischer Herkunft zu machen. Und genau das ist »Völkermord« nach der Definition der Vereinten Nationen. Es gibt auch Gebiete Bosniens, wo Kroaten versuchten, mit ähnlich grausamen Methoden die Dörfer »serbenfrei« zu machen. Auch das ist Völkermord im Sinne dieser Definition.

Eine Konsequenz aus dem Verbrechen von Auschwitz habe ich immer als die schrecklichste empfunden: daß nämlich die Einmaligkeit des Verbrechens alle nachfolgenden als »Nicht-Auschwitz« relativiert. Das hat auch zur stillschweigenden Duldung durch den Weltsicherheitsrat geführt, bei den Massenmorden in Kambodscha, bei dem Terror in Ost-Timor, bei den Indianermorden in Nord-Guatemala. Gegen ein solches Verständnis aber haben sich Hunderte von europäischen Intellektuellen für eine militärische Intervention ausgesprochen, gegen die Verfolgung und Vernichtung der europäischen Volksgruppe der Muslime im ehemaligen Jugoslawien.

Wir Deutschen kennen den Disput um die Manipulation der historischen Wahrheit. Erst ein halbes Jahrhundert nach Ausbruch des Ersten Weltkrieges gab es die von Hamburger Historikern entfachte Diskussion über die Schuldigen an seinem Ausbruch. Und seit Anfang der sechziger Jahre mobilisieren Rechtsextremisten die Auschwitzlüge. Beide Entlarvungstechniken: Kriegsschuldfragen und gezielte Desinformation haben das jugoslawische Drama begleitet.

Als schon die Stadt Vukovar zerschossen, Dubrovnik angegriffen, ein Drittel des Territoriums Kroatiens von serbischen Militärs besetzt war, wurde der Schuldige im fernen Bonn ausgemacht: Der damalige deutsche Außenminister Hans Dietrich Genscher wurde beschuldigt, durch sein Drängen, den EG-Beschluß auf Anerkennung Kroatiens umzusetzen, der eigentliche Urheber der Katastrophe zu sein. Der Ruf, Genscher gehöre vor ein Kriegsgericht, wurde gewiß in Belgrad formuliert, aber ich habe ihn auch auf Veranstaltungen in Deutschland gehört.

Zur Kriegsschuldlüge. Zur Erinnerung ein kleines Plädoyer für Genauigkeit: Erst sechs Monate, nachdem die serbische Armee 1991 ein Drittel des kroatischen Territoriums mit Gewalt überzogen hatte, Hunderttausende Kroaten in die Flucht getrieben und Dutzende von Stadtzentren zerschossen hatte, wurde Kroatien von den europäischen Staaten anerkannt. Bis heute hat kein einziger kroatischer oder muslimischer Soldat serbisches Territorium betreten, um dort Kroaten oder Muslime »zu schützen«, wie es umgekehrt serbische Armee und Freischärler in allen Territorien des ehemaligen Jugoslawien getan hatten. Inzwischen sind Völkerrecht und alle Konventionen zum Führen von Kriegen verhöhnt und zerschossen worden.

Heute stehen ein Drittel Kroatiens unter serbischer Herrschaft und fast siebzig Prozent Bosniens. Daß in London und in Washington das Belgrader Haßargument, Genscher mit seiner Anerkennung sei schuld, im Jahr 1993 gelegentlich Gehör fand, ist nur zu verstehen als Rückfall in nationalstaatliche Argumentation.

Die Kriegsschuldthese gegen Bonn ist nur zu verstehen als alter bipolarer Reflex: Es muß doch jemand im eigenen Lager – Washington oder Bonn – schuldig sein. Wie denn ohne völkerrechtliche Anerkennung die längst losgelösten Kroatien und Slowenien wieder in die serbische Gewalthegemonie hätten zurückgezwungen werden sollen, darauf haben die Vertreter dieser These keine Antwort. Niemand außerhalb Jugoslawiens hatte das politische Ziel der Auflösung des Tito-Staates. Serbien hat sich seit Mitte der achtziger Jahre zu einer Art inner-jugoslawischen Hegemonialmacht entwickelt und die jugoslawische Gesamtarmee zum Instrument serbischer Nationalinteressen umgebaut. Johannes Grotzky hat in seinem vorzüglichen und kenntnisreichen Buch die Entwicklung des Konflikts geschildert.[25]

Die europäischen Außenminister hatten im Herbst 1991 nur ein einziges Motiv für die Anerkennung: Vielleicht läßt sich durch die Internationalisierung des Konflikts das Wüten der serbischen Armee eindämmen, und vielleicht kann durch die Mitgliedschaft in der KSZE Kroatien leichter zu einem völkerrechtlich akzeptablen Minderheitenschutz für die große serbische Minderheit veranlaßt werden.

Die Anerkennung hat den Krieg in Kroatien Anfang 1992 gestoppt. Sie ist eher zu spät gekommen.

Die Anerkennung Bosniens, keineswegs von der deut-

---

25 Johannes Grotzky, *Der Balkankrieg,* München 1993

schen Regierung forciert, war wahrscheinlich zu früh, trotz der überwältigenden Abstimmungsmehrheit zugunsten der Unabhängigkeit von Bosnien-Herzegowina. Denn zumindest der Versuch, mit den Bosniern orthodoxer Herkunft ein Minderheitenschutzkonzept zu entwickeln, hätte einen längeren Anerkennungsprozeß begleiten müssen. Ob ein solches längeres Verfahren »bosnische« Loyalität unter den Orthodoxen gefördert hätte, ist nicht mehr zu beantworten. Die Radikalität und Brutalität der Karadjić- und Mladić-Soldaten hätte vermutlich eine spätere Anerkennung auch kaum aufhalten können. Weder Karadjić, der selbsternannte »Präsident«, noch Mladić, der »General« der bosnischen Serben, stammen aus Bosnien. Ihre Kriegs- und Einsatzbefehle auch nicht.

Denn nur wenige Wochen nach der bosnischen Volksabstimmung im Frühjahr 1992 wurde von Serbien aus ein Krieg dirigiert, der die Eroberung Bosniens zum Ziel hatte. Wer dem neugegründeten bosnischen Staat treu blieb – für den über zwei Drittel der Wahlberechtigten gestimmt hatten –, wurde zur Hunger- und Terrorgeisel dieses serbischen Kriegsziels.

Das Kriegsziel der Bosnier? Überleben und Erhaltung der zivilen mehrreligiösen Gesellschaft, denn auf Dauer ist nur sie Garant für die Überlebensfähigkeit von Muslimen in Europa. Deshalb war die tagtägliche tödliche Jagd auf Zivilisten in Sarajewo zum symbolischen Bild des Jahrzehnts geworden: Terror gegen Zivilität.

Es mögen pragmatische Gründe sein, die die Bosnier muslimischer Herkunft zu Anwälten der Zivilität machen, und längst ist eine muslimische Radikalisierung nicht mehr ausgeschlossen. Aber noch kämpfen Serben und Kroaten in der (muslimisch) bosnischen Armee. Noch sind die Muslime prinzipientreuer im Umgang mit dem Erbe Europas als die orthodoxen Serben.

Belgrad und seine bosnischen Serben verfügten von Anfang an über die gigantischen Rüstungsarsenale der von Ost und West hochgepäppelten jugoslawischen Armee. Wo die bosnische Armee zwei Hubschrauber besaß, von denen einer sehr früh abgeschossen wurde, verfügte der Serbenführer Karadjić über das High-Tech-Arsenal schwerer Waffen, die brutal und terroristisch gegen Zivilisten eingesetzt wurden.

Karadjić hat immer von Belgrad aus operiert. Geheimdienste und künftige Historiker werden uns hoffentlich eines Tages sagen, wie viele Waffen, wie viele Soldaten und wie viele Befehle aus Belgrad kamen.

Im Laufe des Jahres 1993 nahm sich der kroatische General Boban den Serben Karadjić zum Vorbild: Boban war in der Herzegowina Herr über eine selbsternannte Republik der bosnischen Kroaten. Er ließ Muslime vertreiben und in Lager abführen. Er hat sich auf den Vance-Owen-Plan berufen, der seinen Leuten die Region um Mostar zuschreibt. Massaker an Muslimen haben stattgefunden durch kroatische Militia, die bislang als Verbündete gegolten hatte.

Die bosnischen Kroaten glaubten sich in der Lage, ihre einzige grausame Trumpfkarte auszuspielen: Sie kontrollierten die einzige Verbindungsstraße für die Versorgung – und das heißt tägliche Versorgung – der Eingeschlossenen im Osten Bosnien. Mostar ist zum Fluchtort für die überlebenden Vertriebenen aus den Dörfern und Städten geworden, die von den »bosnischen Serben« eingenommen worden sind. Die Muslime haben gegen diese Einschnürung gekämpft. Auch brutal, auch grausam. Viele ratlose Beobachter flüchten sich in die stumme Neutralität, indem sie allen Gruppen Grausamkeiten anlasten.

Alle Seiten haben inzwischen Massaker zu verantworten. Aber sind die Muslime in Serbien eingedrungen, haben sie serbische Gemeinden mit Flak umstellt, um Tag für Tag Zivilisten als Zielscheibe zu nutzen?

Die These von der Grausamkeitslüge.   In all den
Auseinandersetzungen um diesen Krieg war die lancier-
te These von der »propagandistischen Erfindung der
Massenvergewaltigungen durch die Medien« die wohl
verräterischste. Ähnlich, wie bei der »Auschwitzlüge«
die Zahl der sechs Millionen ermordeter Juden herhal-
ten muß, um den Genozid insgesamt leugnen zu wollen,
wurde dann die Zahl von angeblich genannten 60.000
vergewaltigten bosnischen Frauen dazu mißbraucht, das
Täter-Opfer-Verhältnis umzukehren. Die Serben werden
in dieser Darstellung plötzlich zum Opfer westlicher
Medien. Gegängelt von den raffiniert arbeitenden Bosniern. Mit Zahlen von vergewaltigten Frauen zu hantie-
ren war immer absurd. Auch war schmerzlich, erleben
zu müssen, daß die Vertreibungen und Quälereien der
ersten Monate an alten Männern und Frauen, an Kindern, die aus den Häusern getrieben wurden, wenig
Aufmerksamkeit fand und daß erst die Berichte über
Vergewaltigungen die Medien in Deutschland alarmier-
ten. Besonders problematisch waren die ersten Hilfsre-
aktionen, die tatsächlich meinten, man könne Häuser in
Bosnien einrichten, an deren Haustür geschrieben stehe:
Hier wohnen vergewaltigte Frauen. Deutsche meiner
Generation wissen, daß manche der 1945 von den ein-
rückenden Russen vergewaltigten Frauen Jahrzehnte
brauchten, um die erlittene Gewalt auch nur anzudeu-
ten. Die Verletzung dieser Frauen und ihre persönliche
Verzweiflung hat es unmöglich und unnötig gemacht,
aus den unzähligen Fällen irgendwelche statistischen Er-
hebungen auch nur zu versuchen. Insofern trägt einen
Teil der Schuld auch jener Wissenschaftler in Zagreb,
der sich an Hochrechnungen versuchte – mit der Zahl
der Schwangerschaften in den Flüchtlingslagern. All diese Versuche, mit Statistik auf das Leid der Opfer aufmerksam zu machen, mußten in die Irre gehen. Wer
aber das verzweifelte Suchen nach Daten und Zahlen im
Umkehrschluß dazu benutzt, die Massenverbrechen als

»nicht geschehen« darzustellen, verletzt aufs neue die geschändeten Frauen und die vielen inzwischen geborenen Kinder. »Die groß angelegte Kampagne um die angebliche Vergewaltigung von 60.000 muslimischen Frauen durch Serben könnte sich als das erfolgreichste Beispiel für Greuelpropaganda seit dem Ersten Weltkrieg entpuppen«, schreibt Peter Glotz in der Zeitung *Die Woche* vom 10. Februar 1994. Er beruft sich auf Berichte der Journalisten Micha Glenny und Jaques Merlino. Um diese Darstellung von Wahrheit und Dichtung hatte es zwischen Januar und März 1994 eine längere Diskussion gegeben. In den Zeitungen *Weltwoche*, *Die Woche*, *Foreign Affairs*, *taz*.

Wenn der Terror unfaßbar und die Barbarei zum Gegenstand der Propaganda gemacht wird, dann organisiert sie selbst auch ihre Entschuldigung, ihre Enthistorisierung. Die Aufarbeitung der Geschichte des Bosnienkrieges und der Massaker könnte ein grandioses neues Kapitel der kollektiven Fortstehlerei aus der Geschichte werden. Die Täter stilisieren sich um so lockerer zum Opfer, je grausamer sie wüteten und je entsetzter die Welt das Wüten wahrgenommen hat. Natürlich hat es »Exzesse aller Seiten« gegeben. Aber der eigentliche Exzeß lag im versuchten Völkermord und in der nationalistischen Haß-Propaganda der Täter in den regierungsnahen Medien Belgrads. Um so höher muß der Mut der wenigen serbischen Kritiker an der Bosnienpolitik des Milosević gewürdigt werden.

Reise nach Tuzla. Zwischen 1993 und 1994 war ich dreimal in Bosnien-Herzegowina. Im März 1993 war ich als Abgeordneter gemeinsam mit der aus Tuzla stammenden Hamburger Architektin Ferida Meyer in das eingeschlossene Ostbosnien; im Sommer mit Rupert Neudeck von der Hilfsorganisation Cap Anamur nach

Chaplijna und im April 1994 auf einer einwöchigen Reise nach Mostar, Zeniza und Tuzla. Ferida Meyer hat in Hamburg eine Hilfsorganisation für bosnische Kinder aufgebaut. Sie kann bis heute nicht begreifen, wie leichtfertig Europa die Zuordnung nach religiöser Abstammung für Menschen wie sie und ihre Eltern, beide Professoren an der Tuzla Hochschule, anwendet. Wie durch die eingeschlagene Hintertür des Aufklärungskontinents die Zwangszuordnungen der Kreuzzüge wieder gelten sollen.

In der französischen Zeitung *Le Monde* habe ich über die erste Reise diesen Bericht geschrieben:[26]

»Sie organisieren das Leben und erwarten den Tod. Was menschenmöglich, sie haben es getan, seit der Krieg vor einem Jahr begann: Sie waren waffenlos und haben sich gewehrt. Sie mußten die Produktion der Fabriken einstellen, und sie haben sie jetzt schon wieder auf 15-20 % hochgefahren. Sie mußten ihren schwierigen Übergang von der sozialistischen in die Marktwirtschaft umsteuern, in die Kriegswirtschaft der computergesteuerten Mindestversorgung. Ihnen ist die Normalität im Absurden gelungen: Es gibt Stromsperren, aber das Kraftwerk funktioniert halbwegs und versorgt die Region. Wasser ist (fast) immer in der Leitung. Die Stadt braucht 25.000 Tonnen Nahrungslieferungen von außen. Die demokratisch gewählte Stadtverwaltung hat ein Gerechtigkeitssystem entwickelt, daß ohne Polizeikontrolle auskommt. Die farbigen Lebensmittelmarken sind grafisch schön gestaltet. Wer die Mindestversorgung betrügen will, der wird erwischt, aber nicht von der Polizei, sondern von den jungen Computerfachleuten im sogenannten ›logistischen Zentrum‹. Es gibt keine öffentliche Anklage. Keinerlei Verfolgung. Das System ist eingerichtet für drei Bereiche: Grundnahrungsmittel, Medikamente und Saatgüter.

---

26 Eine gekürzte Fassung erschien in der *ZEIT* am 26. 3. 93

Eine elektronische Gerechtigkeitskultur im Krieg, die nur entstehen konnte, weil es vor dem Krieg eine urbane städtische Kultur gab. Die Stadtverwaltung – demokratisch gewählte Fachleute, Professoren, Ingenieure, Manager; keine Ideologen, keine Militärs, keine Nationalisten – hat die Herausforderung angenommen. Sie organisiert die Verteilung der Hilfsgüter in der Stadt: Mafiawirtschaft konnte nicht entstehen. Weil es die städtische urbane Kultur des Industriezentrums Tuzla gab.

›Sehen Sie die orthodoxe Kirche und das Gemeindehaus, keine Fensterscheibe beschädigt, aber die Popen sind fort, gleich im Mai abgehauen, wir wissen, einige sind bei den Tschetniks.‹ Mein Begleiter, ein junger Kaufmann aus Tuzla, zeigt nicht ohne Stolz auf die große Zentralkirche der Serben seiner Stadt. Er selbst hat einen Namen, der auf muslimische Herkunft deutet.

Am Tag zuvor waren wir im Morgendämmern in der Nähe der beschädigten Stadt Mostar an völlig zerstörten Häusern vorbeigefahren. Dies waren Häuser von Serben, sie sind von den Leuten hier in der Gegend zerstört worden, nachdem die Serben geflohen waren. Mein Begleiter hat mir dies beschämt gezeigt. Daß so etwas in Bosnien möglich war. Nun aber, nach 16 Stunden Fahrt über die Wald- und Forstwege, sind wir in Tuzla, und die Kirche ist intakt – aber niemand ist da, den Gottesdienst zu halten.

In der Industriestadt Tuzla lebten bis zum Ausbruch des Krieges 120.000 Einwohner, die meisten von ihnen Bosnier mit muslimischen Namen. Jetzt leben weitere 60.000 Vertriebene in der Stadt, von den Tschetniks mißhandelt und vertrieben aus den Schreckensdörfern der Region.

Und es leben noch immer etwa 10.000 Serben in Tuzla (1993), das heißt Bosnier, deren Eltern in die orthodoxe Kirche gingen. Als ich die Bedingungen in den Flüchtlingslagern sehe, zumeist die Schul- und Hochschulgebäude der Stadt, frage ich, warum nicht auch das große, jetzt leerstehende orthodoxe Gemeindehaus genutzt werden könnte. Eindeutige Abwehr: ›Wie sähe denn das aus, wenn wir die Vertriebenen dorthin brächten. Nein, wir respektieren die Kirche der Serben, sie darf nicht belegt werden, auch wenn deren Popen jetzt bei den Tschetniks sind.‹

Auf dieser Reise in das eingeschlossene Tuzla, wo die Artillerieschüsse in den Morgenstunden zu hören sind, wo die Schwerstverwundeten aus dem vernichteten Cerska liegen, bin ich keinem Religionskampf, keinem Gruppenhaß begegnet. Der Bürgermeister hatte vor Wochen einen Notruf an mich gerichtet, ich hatte mich im Bundestag für die Öffnung des Flughafens eingesetzt, und nun war ich hingereist. Der stellvertretende Bürgermeister ist ein Kroate, einige der Stadtverordneten sind Serben, und sie alle stehen zu ihrer Stadt. Auf Leben und Tod. Leben und Tod? Sie bauen auf das Leben. Nicht nur das Überleben.

Ich treffe am zweiten Tag auf meine Bitte hin nur mit Kroaten und Serben zusammen, sie bestätigen den überwältigenden Eindruck: Dies ist keine ›multikulturelle‹ Gesellschaft, sondern dies ist eine besondere Kultur eigener Art: Industriestadt seit hundert Jahren, Universitätszentrum, hatte Tuzla für das alte Jugoslawien große Bedeutung. Eine moderne Gesellschaft, in der der Arbeitsplatz, das moderne Wohnquartier, die kulturellen Interessen bei weitem größere Bedeutung haben als die Frage, in welches Gotteshaus man am Sonntag oder am Freitag geht. Darum ist die Karadjić-Teufelei, Serben aus Tuzla gegen Verwundete aus Srebrenica, so kränkend: Von den zehntausend Serben der Stadt hatten sich ganze fünfhundert zur Ausreise gemeldet. Eine zivile Stadt muß mit ansehen, wie die UNO mit Tschetnikbanden den Austausch von Schwerstverwundeten gegen ihre eigenen Bürger aushandelt.

Ich besuche zwei der Friedhöfe, auf denen die Kriegsopfer der letzten Monate begraben sind, die kleinen Holzbrettchen für die muslimischen Soldaten. Jahresangabe: 1992, 1993. Vom Friedhofshügel sehe ich eine offene moderne Anlage für Trauerfeiern und werde Zeuge eines einzigartigen Vorgangs – ich habe ihn noch niemals erlebt, nicht in Hamburg, nicht in Kairo: Ein Sarg mit dem Kreuz und ein Sarg mit dem Halbmond stehen nebeneinander. Gemeinsame Trauerfeier, gemeinsame Ehrung der Toten, gemeinsames Gebet. Für die im Krieg umgekommene Christin spricht eine junge Freundin, für den muslimischen Mann ein islamischer Geistlicher.

Tuzla wird versorgt über eine gebrechliche Außenbindung: einen Bergweg, der durch Schnee und Schlamm häufig unpassierbar war. Kanadische und französische UNO-Tanks helfen beim Schleppen über die Pässe. Die ganze Region mit etwa 800.000 Einwohnern verfügt zur Zeit nur über diese gefährdete Lebensader. Die UNO organisiert Hilfs-Konvois aus Belgrad. Einmal, dreimal die Woche – viel zu wenig und viel zu gefährdet, um die Weststraße zu ersetzen.

Hunderte von Lastwagen schleppen sich über diese, spöttisch Ho-Tschi-Minh-Pfad genannte Strecke. Tag um Tag, nie nachts. Denn noch gibt es drei Abschnitte, in die die Tschetniks schießen können. Überhöhte Geschwindigkeit und Glück sind der Schutz. In den letzten Wochen sind keine Fahrzeuge getroffen worden. Aber im Januar war die Stadt gelähmt worden durch die zweite große Gefahr: Mehr als dreißig Checkpoints auf der Strecke zeigen, daß die Straße von sehr unterschiedlichen Herren und Herrchen kontrolliert wird. Wochenlang gab es Streit und Kämpfe zwischen Kroaten und Muslimen weit westlich von Tuzla in Zentralbosnien. Die Straße wurde von kroatischen Milizen für Wochen einfach dicht gemacht. Die UNO kann (oder will) sich dagegen nicht wehren. Eine tödliche Bedrohung der

Menschen. Auch jetzt noch jeden Tag: Oben in den Bergen wurden wir und Dutzende anderer Lastwagen aufgehalten, weil ein junger Soldat, ein bosnischer Kroate, einen kanadischen Tank nicht weiterfahren lassen wollte. Warum er sich nicht durchsetze? Die Antwort des Kanadiers: Erstens dürfen wir nicht schießen, und zweitens hat der junge Soldat eine panzerbrechende Handfeuerwaffe.

Wir kamen durch. Es war nur eine Episode. Aber sie zeigt das Hauptproblem: Die UNO braucht den klaren Auftrag, diese Lebensader zu sichern. (Aber schon kurz nach dieser Reise im Sommer 1993 wurde die ganze Tuzla-Region durch die kroatische Intervention zur Enklave.) Genau diesen Auftrag hatte sie bei den Enklaven Cerska und Srebrenica nicht. Und als im Dezember die Tschetniks die Ader zerschnitten, kam die Katastrophe über die Menschen und der Tod.

Cerska und Srebrenica hat die Menschen in Tuzla bis an den Rand erschüttert. Seit Monaten leben sie auf zwei Bühnen: Auf der einen wird das Leben organisiert, auf der anderen der Tod erwartet. Die Vertriebenen in den Schulen haben ihre Höllenbilder in den Köpfen. Im Keller der zerbombten Kinderklinik zeigt mir die Ärztin ein vierjähriges Mädchen mit seiner Mutter – sie sitzen auf dem Bett im fensterlosen Raum. Beide sind vergewaltigt worden. Beide sind schwer krank. Wissen Sie, wo mein Sohn ist, weint mir eine 80jährige Frau aus der Stadt Bratunas entgegen. Sie lebt mit zwanzig anderen Frauen und Kindern im großen Schlafraum des »Internats« – eines der Vertriebenenheime, die nach der Konzeption der Leiterin der Vertriebenen organisiert sind. Flüchtlingslager. Getrennte Funktionsräume. Gemeinsames Kochen, gemeinsamer Schulbetrieb für die Kinder. Alle Vertriebenen erhalten die gleichen Grundnahrungsmittel wie die Bewohner.

In der Stadt das Leben, in den Köpfen der Tod: Wir wissen, es wird keine Hilfe von außen geben, wenn die Tschetniks wirklich anrücken. Ein Endzeitrealismus, der frösteln macht. Woche um Woche, Monat um Monat, Schrecken um Schrecken hatten sie gehofft, daß irgendeine Macht den Terror stoppt. Sie haben die furchtbaren Geschichten im Kopf, von den gekennzeichneten Moslem-Häusern in Banja Luka, vom Massaker in Janja, die Hilferufe aus den Lagern in Serbien. So ist ein Felsgebirge aus Enttäuschung in ihnen gewachsen. Als ich das erste Gespräch mit den Mitarbeitern des logistischen Zentrums habe, könne es viele nicht fassen, daß sich tatsächlich ein Politiker aus Europa auf den Weg gemacht hat, den ihre hundemüden Fahrer Tag um Tag fahren müssen. Mein schüchternes Lob von der elektronischen Gerechtigkeitskultur – eher als Scherz gemeint – wird aufgenommen wie ein Schluck Wasser im brennenden Haus. Der Gedanke an den kollektiven Selbstmord durch die Explosion der Chlorfabrik ist keine Chimäre. Es ist die ernste Waffe der Verzweifelten, die seit fast einem Jahr alles Menschenmögliche geschafft haben, ihre Kultur, ihre Würde und ihr Leben zu bewahren. Sie veröffentlichen noch eine kleine Zeitung im Din A4-Format, im Keller eines Geschäftshauses sitzen junge Leute und betreiben den örtlichen TV-Sender, Radiostationen senden in die Region. Aber sie haben das Gefühl, von der näherrückenden Hölle umzingelt zu sein: Die Haßsendungen des Tschetniksenders sind in Tuzla zu sehen. Die vergewaltigten Frauen werden verhöhnt durch die Behauptung, eine habe ein schwarzes Kind zur Welt gebracht, es sei also von den UNPROFOR-Soldaten gezeugt. Der Tschetnik-Moderator erscheint am nächsten Tag vor der Kamera mit schwarz geschminktem Gesicht und spottet, nun sei er UNO-Soldat. Der Vertreibungsterror ist im Bewußtsein aller. Wenn die Tschetniks in Srebrenica nicht gestoppt werden, wird die entstandene demokratische Widerstandskultur zerbröckeln, und der beginnenden Radikalität verzweifelter muslimischer

Anführer weichen die, die an die Chance von Tuzla nicht mehr glauben.

Tuzla braucht Besucher, braucht Gesten und Signale, die zeigen, die Außenwelt füttert die Stadt nicht nur beim Sterben, sondern hilft ihr für das Leben. Sicherung der Straßenverbindung durch die UNO, Öffnung des Flughafens, Hilfe bei der erstaunlichen Selbsthilfe. Die EG hat ein Verbindungsbüro in Tuzla – verborgen irgendwo in der Etagenwelt des großen Hotels. Über der Stadt sollte die EG weithin ihr blaues Sternenbanner aufziehen. Das große Europa-Projekt Tuzla könnte schon bald konkrete Formen annehmen. Ich bin hingereist, um Hoffnung zu bringen. Vielleicht sind es nur Strohhalme. Vielleicht ist die Kraft Europas, im eigenen Kontinent ein Stück Kultur zu retten, nur ein Strohhalm. Ich habe gesehen, wie Menschen das Leben organisieren. Ich will nicht Zuschauer bei ihrem Tod sein. Geben wir ein Signal, daß wir an Leben glauben.

Nach zweieinhalb Tagen fahre ich zurück über die Berge. Wir brechen mitten in der Nacht auf. Der Schlamm hat seit 24 Stunden den Busverkehr lahmgelegt. Wir kommen mit Hilfe der Kanadier gut durch und sind nach vierzehn Stunden wieder in Split. Unterwegs besuche ich morgens um sieben das Hauptquartier der UNPROFOR. Die Offiziere sind freundlich, aber nicht gerade glücklich, daß ich den Flughafen besichtigt hatte und mich für dessen Öffnung einsetze. In Zagreb erfahre ich, daß sich die UNO-Leitung in Bosnien schon befremdet über meinen Besuch am Flugplatz geäußert hat. Warum können die Europäer nicht gemeinsam ein Stück Europa vor der Ermordung schützen. Und warum wird der Gedanke an solchen Schutz, wenn er von einem Deutschen geäußert wird, als Vorspiel zur Weltmachtrolle verfälscht? ›In Sarajewo stirbt Europa‹, hat der kroatische Schriftsteller Popovic geschrieben. ›In Tuzla lebt Europa.‹ Wie lange noch?

Das war im April 1993. Der Flughafen Tuzla ist auch Anfang 1994 noch immer nicht geöffnet. Auf unser Betreiben haben der deutsche Bundestag und die Bundesregierung diese Forderung wieder und wieder gestellt. Die hier beschriebene Zufahrtstraße ist durch die kroatischen Soldaten der Herzegowina versperrt, an dieser Straße und in den Orten, durch die wir gefahren waren, tobt der Krieg. Die Brücke von Mostar ist zerstört. Jeden Tag flimmern die Bilder aus Sarajewo: Die tödlichen Terrorgürtel um die Städte sind das neue uralte Kriegsmittel der mählichen Aushungerung. Ende Juli 1993 bin ich noch einmal in die Herzegowina gefahren. Jetzt war die Verbindungsstraße fast leer. Die kroatischen Soldaten haben die freie Zufahrt zu den Eingeschlossenen durch Krieg verriegelt.«

Nachtrag im April 1994.   Ich war wieder in Mostar und Tuzla. In der Osterwoche. An der serbisch-orthodoxen Kirche stand ein Baugerüst. Zwei Arbeiter reparierten das Dach. Die Kirche war von serbischen Granaten getroffen worden. Schon am nächsten Tag gab der Bürgermeister den Auftrag, das Dach zu reparieren. Inzwischen sind in den serbisch besetzten Gebieten Bosniens mehr als achthundert Moscheen zerstört worden. Die Erinnerung an die Bewohner moslimischen Glaubens soll getilgt werden. Der Vertreibung und Ausrottung folgt die Vernichtung der kulturellen Erinnerung. Vor dem offenen Eingang der großen Kirche in Tuzla sitzen einige Serben. Ohne Angst. Sie lächeln mir freundlich, aber ratlos zu. Viele Serben sind in Tuzla geblieben, aber viele haben sich auch auf die Seite des Terrors geschlagen. Ein Pope ist zurückgekehrt. Er tauft wieder – nach zwölf Monaten Abwesenheit. Am nächsten Tag erschreckt Radio Belgrad den Bürgermeister von Tuzla: Die orthodoxen Kirchenchefs in Serbien erkennen Taufen nicht an, die in Tuzla vom alten serbischen Popen vollzogen wurden. Auch die Trauungen nicht. Christen als Europas neue Fundamentalisten. Den Menschen von Tuzla ist das Überleben im zweiten Winter der Abriegelung und Einkesselung gelungen. Ich bin bei einem Kroaten eingeladen. Er und Tausende seiner Glaubensbrüder sind in der Stadt geblieben. Trotz der Abschnürung nun durch kroatische Verbände. Die Hoffnung auf Frieden ist groß. In Tuzla hat die Zivilität gesiegt.

In Mostar der Terror. Ich stehe an der Stelle der zerstörten alten Brücke. Die Moschee ist halb zerschossen. Die Stadt ist tot wie Berlin, wie Hamburg 1945, in einem ausgebrannten Laden hausen Menschen, sie wärmen sich am offenen Feuer. In den Kellern haben über 50.000 Muslime überlebt, fast ohne Güter von außen, mit täglichem Beschuß durch die kroatischen Nachbarn von der anderen Seite des Flusses.

Apartheid in Bosnien

> *»Wir können es uns nicht leisten, Welt-*
> *bürger zu werden und in der großen*
> *Masse Mensch unterzugehen.*
> *Die Grenzen dürfen nicht beseitigt wer-*
> *den, und die afrikaanse Nation darf*
> *nicht untergehen. Der Afrikaaner darf*
> *nicht durch Vermischung mit anderen*
> *Völkern und Rassen zum Aussterben*
> *gebracht werden, oder infolge Anpas-*
> *sung seiner eigenen Kultur an die ande-*
> *ren Völker sein eigenes Volkstum ver-*
> *lieren und zu einem der vielen farblo-*
> *sen Völker dieser Erde werden.«*
>
> J.D. Vorster, burischer Kirchenmann

Sätze aus eigenen Büchern solle man nicht zitieren, hatte mich 1969 ein Freund gemahnt, als ich ihm die
Druckfahnen meines Buches über Entwicklungspolitik
»Der Rassenkrieg findet nicht statt« zu lesen gab. Ich
hatte einen Satz gegen den Rassismus zitiert aus dem
fünf Jahre vorher erschienenen Buch »Kap ohne Hoffnung« gegen die Apartheidpolitik. Heute bin ich froh,
daß der Satz dringeblieben war. Denn nie hätte ich gedacht, dreißig Jahre später Anlaß zu haben, ihn noch
einmal zu überprüfen. Und mich wiederum zu korrigieren. Ende der sechziger Jahre, nach dem ersten Entwick-
lungsjahrzehnt, war meine Hoffnung in die richtige soziale und wirtschaftliche und kulturelle Antwort auf die
rassistische Gefahr groß. Aufstände der Entrechteten,
der Land- und Arbeitslosen (wie Anfang 1994 im mexi-
kanischen Chiapas), ja, das konnte ich mir vorstellen.
Daß die Konflikte aber noch einmal weit stärker funda-
mentalistisch und rassistisch als *sozial* motiviert werden

könnten, das mir vorzustellen verboten mir ökonomischer Optimismus wie entwicklungspolitische Überzeugung.

Richtige Sozial- und Wirtschaftspolitik ist allemal in der Lage, die Armut der Nichtweißen und damit den Rassismus der Weißen zu überwinden. Davon war ich überzeugt. Meine Überlegungen aus dem Jahre 1965:

»Mit der Bombe können wir vielleicht leben, mit Apartheid nicht.

Überall warnende mahnende Stimmen: Die USA bekämpfen den Rassismus in ihrem Land, britische Behörden führen einen heroischen Kampf gegen die Blindheit und Vorurteile der Engländer. Aber Südafrika macht die Ungleichheit der Menschen zum Grundgesetz.

Vielleicht ist die Einheit der Welt nur ein schöner Traum gewesen. Überall sprießen die Nationalismen aus dem Boden. Mag die Welt wieder in Stämme zerfallen, mag manchem die Zukunft der farbigen Welt zweifelhaft, die Auflösung der Kolonialreiche verfrüht und unvernünftig erscheinen, der Rassismus muß bekämpft werden. Mögen Nationen auch weiterhin gegeneinander stehen, nie aber Weiß gegen Schwarz, Schwarz gegen Weiß. Hier gibt es kein Aber, keine Theorie, die es besser weiß. Wir müssen zusammen leben. Wir müssen zusammen Handel treiben, weiße Lehrer müssen in Afrika lehren, schwarze Studenten in Europa lernen können. Verliert die Welt den Kampf gegen den Rassismus, dann nützt ihr die Fessel um das Atom soviel wie dem Kind ein Schluck Wasser im brennenden Haus.«

Zu diesem letzten Satz bin ich 1970 auf Distanz gegangen, denn so korrigierte ich mich damals: *»Der Mythos vom rassischen Nord-Süd-Konflikt lenkt von der Klassenkampfsituation in den Staaten der Dritten Welt ab. Übervölkerung und Hungerkatastrophen sind lokale und nationale Probleme, sie sollten bei uns keine Angstträume, sondern Hilfsbereitschaft wecken.«* Globale Revolutionsfurcht des Westens, so meine These, schüre die rassistischen Ängste.

Heute sind beide Schreckenszenarien erkennbar: Rassismus ist wieder aufgebrochen in Europa, die Verelendung in Afrika verstärkt die tribalen Fehden.

Mehr als dreißig Jahre nach den ersten persönlichen und literarischen Begegnungen mit der südafrikanischen Apartheidideologie treffe ich auf ähnliches Denken in Südosteuropa. Trennungsideologien nehmen von der Realität der modernen Gesellschaft, die erst durch Terror wieder in Gruppenhaß gespalten wird, keine Kenntnis. Das Unbegreifliche: Die europäischen Friedenssucher übernehmen die Bantustanlehre, sie zeichnen immer wieder Landkarten, auf denen nach Religionen getrennt wird. Der Vance-Owen-Plan des Jahres 1993 hat die Grunderfahrung der europäischen Aufklärung und die Kernelemente der europäischen Verfassungen über den Haufen geworfen: Er hatte getrennt, was nicht zu trennen ist, nach fiktiver Religionszugehörigkeit, aus der sich die städtischen Bosnier schon vor Jahrzehnten bereits verabschiedet hatten. Die Haßgeschichten von gestern und aus der Vorzeit werden genutzt, um den Haß in die Familien zu tragen: Du bist Serbe, weil du orthodox bist. Du bist Kroate, weil du katholisch bist. Du bist Muslim, weil Du einen muslimischen Vornamen hast. Und plötzlich explodiert bei allen Balkanologen der Welt die Volkskunde. Immer neue Fachleute für »ethnisch-nationale Konflikte« machen sich auf den Weg in die Bibliotheken, um dem erstaunten Publikum zu erklären, wie es zu den Mordhandlungen und dem Vertreibungsterror gekommen war. Alle kulturellen Trennungslinien der Menschheitsgeschichte werden den Bürgern des ehemaligen Jugoslawien aufgezwungen: Ostrom, Westrom, Christen, Muslime, Europa und Türkei. Plötzlich ist auch der Mensch der Moderne wieder das, wozu Zeremonien – Taufe oder Beschneidung – aus dem ersten bzw. siebten nachchristlichen Jahrhundert ihn bestimmen wollten, ob Arzt, ob Musiklieb-haber, ob Ingenieur, ob im Tierkreiszeichen Steinbock geboren, ob Mitglied des Tennisclubs oder der Laientheaters, nun zählt nur noch die Religion der Vorfahren: Gewalt preßt und reduziert die Menschen auf eine einzige Rolle, und die kann tödlich sein, für ihn selbst, für andere. So hatte Hitler Hunderttausende deutscher Bürger zu Juden gemacht und Millionen Deutsche zu etwas, was die Nazis erst erfanden, zu Ariern, angeblich enger verwandt mit den Bewohnern Bombays als mit dem Nachbarn Herbert Kohn von nebenan.

Geschichte wurde und wird in aller Regel mit der Schere geschrieben: Sorgfältig wird zu Nutzen der jetzt Lebenden künstlich eine Vergangenheit aus der dramatischen Verflechtungsgeschichte der Völker in Europa herausgeschnitten, die mit der Selbstsuche der Gegenwart sehr viel, mit der Realität der Vergangenheit nur sehr wenig zu tun hat. Die Wirklichkeit hat die Geschichte mit dem Webstuhl geschrieben, nationalistische oder tribale Geschichtsschreiber nahmen die Schere. Aus diesen Scherenschnitten wurde in gemütlichen Zeiten stolzer Lesestoff für den Lehnstuhl, in der Krise Sprengstoff für die Explosion. Die nationalistischen Gedichte der Generation meines Großvaters hätten keine Relevanz gehabt. Die Kriege und ihre Propaganda machten ihm die selektive Wahrnehmung der Wirklichkeit leicht. So mobilisiert Serbien den Balkanrassismus gegen Bosnien und Albanien, so der kroatische Präsident Tudjman seine Aversionen gegen Bosnier islamischer Abstammung. Beide operieren mit uralten Landkarten – manche älter als das römische Reich –, um zu beweisen, wo »man« immer schon gewohnt habe.

Der Bosnienterror zeigt: Ob nun globale Bevölkerungsstatistiken genutzt werden oder Zitate aus nationalistischen serbischen Romanen, ob mit dem Zirkel des Altbildungsbürgertums wieder »Kulturkreise« auf die Landschaft, gestochen scharf, gezogen werden, die ökonomischen Ängste sind real, der Haß ist produziert. Plötzlich wird einer geflohenen muslimischen Studentin aus Tuzla, die Mitte der siebziger Jahre des zwanzigsten Jahrhunderts geboren wurde, die sich über bestimmte Rockgruppen im Sender MTV ärgert und über Kevin Costner freut, nachgewiesen, daß sie und ihre Eltern seit Jahrhunderten präzis auf den Scheidelinien zwischen Byzanz und Rom, zwischen Mekka und Jerusalem gelebt hätten, und die Tatsache, daß ihr Bruder versucht, sich der zermürbenden Flakangriffe zu erwehren, wird auf uralte Religionskonflikte zurückgeführt. Sie kann in europäischen Zeitungen nachlesen, wie die dreifältige Präsenz dieser Kulturgeschichte nun in der Stadt Tuzla oder Sarajewo explodiert.

Im Jahr, in dem Apartheid in Südafrika zu Ende geht, wird sie für Bosnien von vielen Europäern akzeptiert. Aber Apartheid in Bosnien, das ist etwas anderes als Apartheid in Südafrika.

Bevor im April 1994 die serbischen Mladić-Truppen sich aus Gorazde zurückzogen, zerstörten sie die Wasserversorgung. Als der Bürgermeister der Stadt die Eroberung vor Augen hatte, forderte er die tödliche Bombardierung. Er wußte, die Eroberung können die meisten überleben, aber nicht die Herrschaft der Karadjić-Serben. Sie sprechen die gleiche Sprache, sie haben die gleiche Geschichte, sie sind einander zum Verwechseln ähnlich. Aber die bosnischen Serben haben keinen Plan, mit den anderen zusammenzuleben. Nur einen, die anderen zu vertreiben oder zu vernichten.

Nein, sagte de Klerk, der ehemalige weiße Präsident Südafrikas vor der Wahl 1994, er sei kein Vertreter der Weißen, er sei ein demokratischer Politiker für alle, sein Dialogpartner Nelson Mandela sagte es ähnlich. Nach dreißig Jahren Wahlrecht, das nach Rasse verliehen oder verwehrt worden war, der Durchbruch zum übervölkischen und überrassischem Staatsbürgerrecht. Niemand, den ich 1961 in Südafrika hatte sprechen oder in Soweto bei Johannesburg heimlich hatte treffen können, wollte mich »für die Schwarzen« einnehmen. Sondern er wollte mich davon überzeugen, wie gefährlich das Apartheidsystem für den Frieden in Südafrika sein werde. Seit damals habe ich nicht »für die Schwarzen« und »gegen die Weißen« gesprochen und geschrieben, sondern gegen Apartheid und für die rechtsstaatliche Demokratie. Der Kampf um Gerechtigkeit war der Kampf der europäisch-amerikanischen Verfassungstradition, zu der sich Nelson Mandela bekannte.

Mit der schwierigen Parlamentswahl in Südafrika haben nicht die Schwarzen gesiegt und die Weißen verloren, sondern das Prinzip von der humanen und rechtlichen Gleichheit aller Menschen soll – trotz des Bombenterrors – siegen über Apartheid. Sie war der Versuch, die Ungleichheit der Herkunft zur Rechtsgrundlage des Staates zu machen. Begleitet von Bombenanschlägen wurde in Südafrika gewählt, nach westlichen Rechtsgrundsätzen.

In Bosnien haben viele Beobachter die absurdesten Theorien über die Unfähigkeit der Menschen, miteinander zu leben, zu einer Art Volkshochschulsport gemacht. Soviel Apartheidgeraune war nie bis in die Kommentarseiten unserer bürgerlichen Blätter gelangt. Aber auch in Bosnien geht es nicht darum, auf der »Seite der Muslime« oder auf der »Seite der Serben« zu stehen. Es geht um Apartheid. Um Nein oder Ja zum westlichen Prinzip der allgemeinen Staatsbürgerrechte. Um Prinzipien, für die Europa nach dem Genozid durch Nazideutschland steht. Im Blick auf Bosnien haben viele den Ausmerzungsterror der Nazis vergessen. Der ehemalige südafrikanische Präsident de Klerk hat eine klarere Vorstellung von der Zivilgesellschaft als viele Linke, wie etwa der PDS-Politiker Hans Modrow und alle, die wie er um »Fairneß mit den Serben« bitten. Denn sie glauben bis heute, den Serben geschehe bitter Unrecht. So wie deutsche Konservative jahrelang glaubten, den Buren geschehe bitter Unrecht.

Als die Apartheid in den fünfziger Jahren ihren ideologischen Unterbau erhielt, gab es auch in Deutschland viele »Experten«, die das für den richtigen Weg hielten: Eine nach rassischer Zugehörigkeit gegliederte staatliche Ordnung müsse der Ausweg sein aus dem Wirrwarr der vielen Sprachen und Stämme Südafrikas. Apartheid hatte in Deutschland eine positive Presse.

Ernsthafte Theoretiker der Apartheid haben sich seinerzeit viel Kopf zerbrochen, wie man denn die ethnische Segregation und die moderne wirtschaftliche Integration organisieren könnte. Das grausame Geflecht der Paß- und Rassegesetze, die das Elend Südafrikas in den vergangenen dreißig Jahren bestimmt hatten, war das Resultat. Aber zumindest gab es ein Konzept für das getrennte Zusammenleben. Die Vernichtungspolitik der bosnischen Serben hat nicht einmal das. Was Europäer für Bosnien-Herzegowina an Trennungsplänen vorgelegt haben, dafür wären sie in Südafrika von den Apartheidkritikern in der Luft zerrissen und von den Apartheidideologen stürmisch gefeiert worden. Der Vance-Owen-Plan beruhte auf keinerlei ökonomischen, sozialen und kulturellen, schon gar keinen geographischen Überlegungen. Sondern die auf Landkarten mit spitzem Stift gestrichelte Trennung von angeblichen Religionszugehörigkeiten sollte den Frieden bringen.

Das Konzept der Apartheid hatte Südafrika vor dreißig Jahren den Bürgerkrieg und die weltweite Ächtung eingebracht. Es war nicht leicht, Anfang der sechziger Jahre in der deutschen Öffentlichkeit die Absurditäten der Apartheiddoktrin deutlich zu machen. Als ich in den sechziger Jahren aus Südafrika zurückgekehrt war, schienen bis in die Reihen des Parlaments viele einverstanden mit der These von der rassischen Trennung. Natürlich ließen sich spannende Diskussionen führen über den Unterschied zwischen einem schwarzen Bürger Südafrikas, dessen Eltern aus dem Dorf kommen, und einem Weißen, dessen Eltern aus Deutschland oder England eingewandert waren. Trotz aller erkennbaren (und nennbaren) Unterschiede war Apartheid ein gefährliches und verlogenes Konzept zur dauerhaften Sicherung der weißen wirtschaftlichen und politischen Vormacht.

Wenn aber je rechtsradikale Burenköpfe auch nur verbal gefordert hätten, was die serbische Soldateska seit zwei Jahren in jedem eroberten Dorf, in jeder Stadt, in jedem Flüchtlingslager betreibt und was von der serbischen Öffentlichkeit als »gerechter Krieg gegen die Türken« unterstützt wird, den tagtäglichen Trennungsterror – der Aufschrei wäre weltweit gewesen.

Soviel Apartheid, wie Mladić und Karadjić herbeischießen und herbeiquälen, hat es in den dreißig Jahren der südafrikanischen Variante nicht gegeben. Die bosnischen Serben haben seit zwei Jahren erkennen lassen, daß Menschen anderer Religion in ihrem Herrschaftsbereich keine Überlebenschance haben. Nicht einmal als Arbeitssklaven. Mir ist unbegreiflich, daß es immer wieder westliche Politiker bis in die Reihen der Sozialdemokraten gibt, die um Fairneß für diese Serben bitten. Wo im Namen Serbiens und der orthodoxen Kirche in den eroberten Dörfern um Banja Luka die Menschen vertrieben, mißhandelt und umgebracht wurden; wo Massaker in den seit zwei Jahren besetzten Gebieten stattfanden – das Terrorziel ist eindeutig: das völlige Verschwinden der Menschen muslimischer Herkunft. Moscheen sind zerstört und gesprengt worden. Friedhöfe werden vernichtet, die Erinnerung getilgt. Im Blick auf Bosnien könnten heute die nationalistischen Südafrikaner, auch die extremen, sagen: Wir hatten zumindest ein Trennungskonzept, kein Vernichtungsziel.

Alle Seiten haben Greuel begannen. Richtig. Auch im Namen des ANC sind schreckliche Verbrechen verübt worden, sie waren aber nie ein Argument für die Apartheid. Nirgends in den serbisch besetzten Gebieten Bosniens ist zu erkennen, daß der religiöse Nationalismus der Serben Menschen anderer Religionen künftig bei sich würde leben lassen.

Apartheid auch in mehrheitlich kroatischen Städten – der katholische Bürgermeister der kleinen herzegowinischen Stadt Chaplijna hat es mir bei meiner zweiten Reise im Sommer 1993 klar gesagt: Von nun ab könnten sie nicht mehr mit den Muslimen in Herzegowina zusammenleben. Allnächtlicher Terror auf die Häuser und Wohnungen in den »befriedeten« Gebieten sind zur Routine geworden: Der Vance-Owen-Plan wurde in den Städten und Dörfern, in den Straßen und Häusern als Freibrief für weitere Vertreibung genutzt – hat nicht die europäische, hat nicht die Welt-Gemeinschaft unser Dorf, unsere Stadt, unsere Straße zu einer serbischen, kroatischen oder muslimischen erklärt?

Gewonnen haben die Karadjić-Serben, die Sieger, nichts, was wichtig wäre für die Zukunft: Verbrannte Häuser und zerstörte Fabriken schaffen keine Werte, eroberte Flächen kein Wachstum, orthodoxe Kreuze keinen Export. Die alten Muster von Land- und Siedlungsgewinn mischen sich mit den neuen Mustern der Hoffnung auf Fern-Alimentation durch die »Weltgemeinschaft«.

Apartheid oder Demokratie? Plötzlich und nicht mehr erwartet stellt sich dies als eine der Grundfragen für die demokratische Zukunft Europas dar.

Terror gegen das Ähnlichwerden – da reicht kein Toleranzedikt

»Eine Nation ist eine Gruppe von Menschen, die durch einen gemeinsamen Irrtum hinsichtlich ihrer Abstammung und eine gemeinsame Abneigung gegen ihre Nachbarn geeint ist.«

Spottsentenz, zitiert von Karl W. Deutsch

Manchmal leise Trauer, manchmal das offene Entsetzen. In einem gleicht die Trauer von vertriebenen Bosniern, die die Vertreibung aus ihren Städten überlebt haben, der Trauer der Libanonflüchtlinge Mitte der siebziger Jahre: Immer wieder erzählen sie von den Erinnerungen an das friedliche Zusammenleben mit Nachbarn der anderen Religion. Berichten von einzelnen Freunden, Christen von Muslimen, Muslime von Christen. Bis sich der Blick wieder verdüstert: »Aber jetzt ist alles zerstört, die anderen haben uns alles geraubt.«

Die gelebte Wirklichkeit in Städten wie Beirut oder Sarajewo war wesentlich stärker vom Zusammenleben geprägt als vom Getrenntsein. In der Erinnerung allemal. Die Hoffnung auf Rückkehr drückt oft gerade die Sehnsucht nach dieser Form kultureller Zivilität aus, wie sie der Libanon oder Bosnien einst dargestellt hatten. Ja, das spezifische Heimweh der Vertriebenen scheint bestimmt von der oft verklärten Erinnerung an die friedliche Nachbarschaft mit Menschen anderer Religion. Und es tauchen unter den Flüchtlingen besonders viele auf, die es ablehnen, zu der einen oder anderen Gruppe gerechnet zu werden. Ein trauriges »Aber ich bin doch immer noch Jugoslawin, mein Vater war Serbe, meine Mutter Muslimin«, begleitet manche Erinnerungen.

Darin liegt das Neue in den barbarischen Gruppenkonflikten einiger postkommunistischer Gesellschaften. Der Zusammenbruch der neuen Klassen als »Gleichheitsdiktatoren« hat auch die Gleichheitsidee zutiefst erschüttert, Vertreter der alten Bürokratie nutzen für das Überleben ihrer Macht das alte Material der völkischen Ungleichheitstraditionen. Woher kann das Projekt Zivilität in Osteuropa seine Begründungen nehmen, wenn jahrzehntelang die Gleichheitsidee zur Ideologie der neuen Bürokratieklassen verkam und diskreditiert wurde?

Die Nazis waren gefährliche Vorläufer: Ihr Zugehörigkeitsterror war keine lästige, etwas altmodische Begleiterscheinung einer totalitären Diktatur, er war ihr zentraler Wesenszug. Er richtete sich gegen die Idee der Aufklärung einer rechtlich abgesicherten Staatsbürgerschaft. Hitler zerstörte die überreligiöse, übervölkische, die zivile Bürgerschaft. Aber auch der Aufklärungsauftrag der Moderne scheint nicht gefeit gegen terroristische Wirkungen: Wenn aus der modernen Staatsbürgerschaft das Recht auf Unterdrückung der kulturellen Traditionen, der je eigenen Sprache oder Religion abgeleitet wird, wie es die türkischen Regierungen der achtziger Jahre gegen die Menschen kurdischer Kultur taten, dann zerbricht auch die Aufklärungsidee des demokratischen Bürgerstaates.

Einer reformunfähigen, geschwächten Demokratie im Westen könnten ähnliche Gefahren drohen. Die völkischen und rassistischen Begründungen, die jetzt auf dem Balkan gelten, sind auch Warnungen an die Adresse

Westeuropas. Das innere Auszehren der Demokratien bietet fruchtbaren Boden für den Terror, der das Projekt Zivilität bedroht. Mölln und Solingen haben als Vertreibungssignale ausgebrannte Häuser hinterlassen, wie tausendfach in Mostar oder Sarajewo.

Es geht nicht allein um Toleranz und *Anerkennung des »Anderen«*, es geht weit mehr um die moderne *Akzeptanz des Ähnlichen und Gleichen*. Der Terror richtet sich in Wahrheit nicht gegen den »Andersartigen«, er richtet sich gegen die Ähnlichkeit des Anderen in der Moderne. Der Terror richtet sich gegen die notwendige Balance zwischen dem je eigenen und dem modernen Weltmarkt, gegen die Hoffnungen der Jugendlichen auf eigene Identität und die Teilhabe an globalen, technischen und modischen Entwicklungen, da reicht es nicht mehr, einander als »alle Menschen werden Brüder« die Hand zu reichen.

Wir alle sind einander ähnlicher geworden – als Arbeitnehmer und als Käufer auf den internationalen Märkten, als Staatsbürger, ja, auch als Verkehrsteilnehmer.

Die Sprengsätze gegen das Ähnlichwerden explodieren weltweit: in Manhattan, in Oberägypten. Europäer werden in Algier umgebracht, türkische Familien in Deutschland. Touristen in Kairo und im türkischen Badeort Antalya. Verglichen mit den Opfern der Kriege in Bosnien oder in Afghanistan sind die Zahlen der Toten niedrig. Aber die tödlichen Signale haben Millionen erreicht. Der Terror hat ganz unterschiedliche Begründungen, aber ein gemeinsames Motiv. Der Mord ist als Abmarschbefehl gemeint: Er richtet sich nicht gegen Individuen, sondern gegen Stellvertreter für Gruppen. Das Signal heißt: Verschwindet, laßt euch hier nicht mehr sehen. Der Terror richtet sich nur zufällig gegen *diese* individuellen Opfer, er meint alle anderen: Alle Ausländer in Deutschland oder in Algerien, alle Touristen in Ägypten und in der Türkei. Er meint auch die ökonomischen Beziehungen des eigenen Landes oder der eigenen Gruppe zur Weltwirtschaft, Tourismus ist ein wichtiger Teil davon. Wir sind Zeugen des Erfolges von anti-ökonomischen Terroristen gegen alle Kulturen des Zusammenlebens. Sie bringen eine paradoxe Alimentationserwartung gleich mit zum Ausdruck: Wenn wir uns von den »Fremden« erst befreit haben, dann muß die internationale Gemeinschaft uns bei den ersten Schritten in die Zukunft unterstützen.[27]

Zum Jahreswechsel 93/94 hat der Sprecher der Nationalen Befreiungsfront Kurdistans (ERNK) ein Interview gegeben. Er wurde vom *Stern* vorgestellt als der Mann, »der die Interessen der verbotenen Arbeiterpartei Kurdistans (PKK) in Europa vertritt«. Der Mann heißt Kani Yilmaz, und er spricht eine terroristische Kriegserklärung aus: »Ich warne alle Europäer.« Er bringt die radikal veränderte Lage künftiger Konflikte präzis auf den Punkt. Auf die Frage: »Wie viele Anhänger hat die PKK in Deutschland?« antwortet er: »Ungefähr 200.000.« Niemand kann diese Zahl je nachweisen. Der Kurdensprecher macht alle türkischen Gastarbeiterfamilien, soweit sie kurdischer Kultur oder Abstammung sind, zu seinen Anhängern. Jeder deutsche Touristenbesuch begründe einen kurdischen Terroristenakt. Auf die Frage, ob sich Türkei-Besucher vor der PKK fürchten müssen, antwortet er: »Jede Mark, die ein Tourist in der Türkei ausgibt, bedeutet den Tod eines Menschen in Kurdistan. Deshalb ist der Tourismus für uns ein ernsthaftes An-

---

27 Hans Magnus Enzensberger hat in seinem jüngsten Essay *Aussichten auf den Bürgerkrieg* die globale Vergleichbarkeit der durch Terror ausgetragenen Konflikte konstatiert. Der Essay ist zu Recht gewürdigt worden – wer denn sonst unter den deutschen Intellektuellen hat sich seit 1989 in die Terrorsümpfe der postkommunistischen Zeit begeben? Er ist zu Recht getadelt worden, denn neben aller selbstmörderischen Zerstörungswut haben die Konflikte reale Ursachen und müssen der Politik wieder zugänglich werden, deshalb dürfen sie bei Strafe der theoretischen Erblindung nicht zu einem »einzigen Bürgerkrieg« reduziert werden. Hans Magnus Enzensberger, *Aussichten auf den Bürgerkrieg*, Frankfurt/Main 1993

griffsziel. Die Aktionen werden im Frühling in aller Härte beginnen. Niemand sollte in die Türkei reisen. Wir können das Leben der Deutschen nicht garantieren. Ich warne Europäer: Wer in die Türkei reist, begibt sich in Lebensgefahr.«

Der Mann nimmt seine moralische Rechtfertigung für den angedrohten Terror aus den Waffenlieferungen aus Deutschland an die Türkei. Mit der unerträglichen Lage, in die türkische Regierungen und türkisches Militär ihr Land und die im Ostteil lebenden Kurden gebracht haben, und aus der tragischen Geschichte der Kurden, eingekeilt zwischen fünf Nationalstaaten, nimmt der Sprecher einer Kampfgruppe türkischer Kurden die kausale Begründung für Terror in Deutschland und Terror an Deutschen. Die politische Reaktion auf diese Terrorankündigung in Deutschland war milde – sie blieb aus. Keine Stimme von Pazifisten warnte den Kriegserklärer, aus keiner politischen Partei gab es Empörung. Das Interview ging fast unter. Der moralische Zorn auf solche Kriegserklärungen bleibt verständlicherweise gelähmt, denn Kurden sind in Ostanatolien einem grausam geführten Krieg des türkischen Militärs gegen die PKK ausgesetzt. Aber es bleibt eine Kriegserklärung. Erst die großen Blockaden der Autobahnen, die Attacken auf Polizisten drei Monate später haben diese Angriffsenergie öffentlich gemacht.

Diese steht diametral den geschilderten Erinnerungen der Vertriebenen aus dem Libanon und aus Bosnien entgegen. In den deutschen Debatten um die Unterdrückung der Kurden ist die Frage nach der Zivilgesellschaft in der Türkei nicht gestellt worden.

Werden Arbeitnehmer in Betrieben der Türkei benachteiligt, weil sie kurdischer Abstammung sind? Sind diese Bürger auf den Straßen der Städte besonderen Diskriminierungen ausgesetzt? Die Unterdrückung der kulturellen Rechte der Kurden darf nicht gleichgesetzt werden mit der Unterdrückung des einzelnen. Die Militarisierung des Konflikts von beiden Seiten, die Zerstörung von Hunderten von Dörfern durch das türkische Militär haben den Konflikt eskalieren lassen. Aber der Ansatz der atatürkischen Verfassung und die modernen Lebensformen in der Westtürkei waren nach dem Ende des osmanischen Reiches weit stärker ausgerichtet auf das Ziel der rechtsstaatlichen Zivilität als die völkische Energie der in der Türkei unterdrückten Kulturen.

Mir geht es hier nicht um Analyse des Kurdenkonflikts, sondern um die Präzision der Diskussion bei uns. Türkische und kurdische Mitbürger machen sich zu Gegnern unserer nichtvölkischen Zivilität, sobald sie den militarisierten Konflikt in unser Land tragen. Solidarität mit geschundenen Menschen in anderen Ländern ist Sache der Demokratien, Solidarität mit dem völkischen Konzept einer entrechteten Minderheit hingegen ist eine politische Entscheidung mit weitreichenden Folgen.

Die Zivilgesellschaft der Demokratien muß sich einmischen, wo Genozid droht, wo Vertreibungsterror zur Praxis des Militärs wird; ginge sie jedoch vom Konzept des konstitutionellen Rechts der einzelnen Person ab, gäbe sie ihre eigene ethische Verankerung auf. Und da ist der Wortlaut der Verfassung des türkischen Staates dem deutschen Grundgesetz näher als die völkische Definition der kurdischen Kultur. Daß aber die Prinzipien des Rechtsstaates ad absurdum geführt werden können, wenn den Menschen die kulturellen Ausdrucksmöglichkeiten verboten werden, zeigt die Unfähigkeit des türkischen Staates, die kulturellen Rechte nicht nur zu gewähren, sondern auch praktisch zu ermöglichen. Der beginnende Terror der PKK in den großen Städten und in den Touristenzentren der Westtürkei wird bald türkischen Gegenterror erzeugen gegen Menschen, die kurdischer Abstammung sind. (Würde die Türkei analog zu Hitler Ahnenpässe einführen und darauf Terror gegen Menschen »falscher« Abstammung begründen wollen, müßten alle gegen alle kämpfen – denn es sind kaum türkische Familien auffindbar, die keine nicht-türkischen Vorfahren unter ihren Groß- oder Urgroßeltern hatten.) Der moderne Staat muß die Abstammungsbindungen lockern, wenn er aber, wie die Türkei, dabei zugleich die kulturellen Ausdrucksformen, die kurdischen, jezidischen, assyrischen Lebensformen verbietet, zerstört er die eigene Grundlage. (In diesem Punkt war Lenin zynischer und klüger als Atatürk. Massenmorde an der bürgerlichen und Bauernklasse ja, zugleich aber Minderheitenpolitik, die es in den islamischen Regionen den alten Clanchefs sogar erlaubten, unter dem neuen Titel eines lokalen Vorsitzenden der KPdSU alte Kontrollmacht zu behalten.) Unterdrückung *von* Minderheiten also, aber auch Unterdrückung *durch* organisierte Minderheiten. Das politische Problem trägt den Januskopf.

Der mit dem Interview des Kurdensprechers angesprochene Sachverhalt stellt aber noch aus einem anderen Grund eine neue Qualität für die westeuropäischen parlamentarischen Demokratien dar. Die Vietnamesen in den sechziger Jahren hatten keine nach Hunderttausenden zählenden Gastarbeiterfamilien in Europa, die sie als Drohpersonal anführen konnten, die bedrohten Indios in Guatemala kannten vielleicht die Telefonnummer von amnesty international in London oder die Adressen von Menschenrechtsgruppen in Spanien oder Deutschland, wo sie auf den Terror des Militärs bei sich zu Hause aufmerksam machen konnten. Sie konnten nicht bauen auf Einwanderer, die sie für ihre Sache hätten einsetzen können. Die Kurdenführer aus der Türkei nutzen türkische Gastarbeiter kurdischer Herkunft, kurdischer Sprache, als ihr Drohpotential – zunächst statistisch und allgemein, im Einzelfall aber sehr konkret – sie scheuen dabei auch den Mitmach-Terror gegen die eigenen Leute nicht: Geld-Abgaben von Kaufleuten und Wirtsleuten.

Das ist eine neue Qualität: Krieg führende Parteien verfügen über Landsleute in Europa – in großer Zahl. Aus der Flucht vor Armut, Revolution und Krieg in die großen Einwandererländer vor einer Generation ist auch Minderheitendruck gegen die Einwanderer-Demokratien geworden.

Weder die aus Rußland vertriebenen oder geflohenen Weißrussen nach 1917 noch die aus Deutschland fliehenden Juden nach 1933, oder gar die aus Ost- und Mitteleuropa vertriebenen Deutschen nach 1945 hatten je eine Chance, die Beziehungen ihrer Zufluchtsländer zu den Vertreibungsstaaten durch Androhung von Gewaltterror zu beeinflussen. Zwar haben politisch die deutschen Vertriebenen-Verbände versucht, die Ostpolitik Willy Brandts zu bekämpfen, aber Terrorandrohungen hat es nicht gegeben und hätten zu einer radikalen Ächtung dieser Organisationen geführt.

Anders als die revoltierenden jungen Russen im ausgehenden 19. Jahrhundert verstehen libanesische Hisbollah und die PKK die Welt als ihr Feld, darin weit stärker den international operierenden Finanzstrategen der Banken und global kommunizierenden Gruppen der organisierten Kriminalität gleichend als einer traditionellen nationalistischen oder sozialistischen politischen Bewegung: Flugzeug, Telefon und Fernsehen erlauben auch ihnen eine Globalisierung der Arbeit ihrer Organisationen wie nie zuvor. Ohne die Hilfe jeweils interessierter Staaten und deren Regierungen wäre aber auch solche Globalisierung nicht möglich. Der Iran unterstützt die palästinensische Hamas-Bewegung gegen Israel und gegen die Frieden suchende PLO, Syrien unterstützt die PKK, wie auch der Irak, der schon 1988 das Giftgasmassaker an irakischen Kurden verübt und im Golfkrieg Millionen von Kurden in die Flucht getrieben hatte.

Der Verlauf des Konflikts in Algerien in den fünfziger Jahren und der beginnende Bürgerkrieg in den neunzigern zeigen die fortdauernde Gewalt auch des alten längst historisch geglaubten Trennungs- und Segregationskrieges gegen die Franzosen. Die ältere islamische Zivilität des osmanischen Reiches war zerstört, die koloniale Herrschaft Frankreichs über Algerien hat keine neue geschaffen, der Befreiungskrieg keine erzeugt. Weder die Befreiungshoffnungen der »Verdammten dieser Erde« noch die Klassenkämpfe der ausgebeuteten Arbeiter hatten aus sich heraus eine neue Zivilität geprägt.

Jetzt müssen wir Elemente der Zivilität verteidigen in der neuen Lage: Der Rücksturz in die Geschichte durch das Ende des kalten Krieges und der Weitsprung in die Globalität durch die technische Moderne haben eine paradoxe Lage geschaffen: Es gibt keine homogene Gesellschaft, und parallel dazu gleichen die Gesellschaften sich immer rascher einander an – in ihren Lebensformen, in ihren sozialen Konflikten, in ihren Verelendungszonen ebenso wie in ihren High-Tech-Etagen. Für den Minderheitenschutz unter solchen Bedingungen genügt im ausgehenden 20. Jahrhundert kein einfaches multikulturelles Toleranzedikt.

Gesetzt, Lessings weiser Nathan käme in unserer Zeit zum Abendessen ins Haus eines muslimischen, aufgeklärten Unternehmers – sagen wir in Paris, in Los Angeles oder Frankfurt – und er würde seine Ringparabel erzählen. Und die Runde, an der auch ein katholischer Ingenieur teilnimmt, wäre sich einig über die Bedeutung grundsätzlicher Toleranz der Religionen zueinander, bliebe nicht ein Rest von Unsicherheit, den die Ringparabel nicht beseitigen kann – auch wenn sich alle tolerant verhalten? Könnte nicht plötzlich die Tochter des Hauses, aufgebracht, dem Gespräch eine ganz andere Wendung geben: »Und was ist mit mir? Mein Vater will, daß ich streng nach dem Koran lebe. Mich interessiert die Toleranz gegenüber Christen kaum. Bei uns in der Uni kenne ich in der Regel keine Christen oder Juden, wir studieren – von einigen kennen wir die Religion, aber das ist doch völlig uninteressant. Wer verteidigt mich gegen den Druck, den mein Vater ausübt?« Und der anwesende dunkelhäutige Katholik – Mutter aus dem Elsaß, Großvater aus Martinique –, Ingenieur in einer Motorenfabrik, unterstützt sie: »Religionstoleranz, multi-kulturelle Gesellschaft, Minderheitenschutz – das ist ja alles gut und schön, wer aber akzeptiert, daß ich überhaupt kein Interesse daran habe, als Schwarzer besonders akzeptiert zu werden, sondern als Ingenieur aus Frankreich, wer schützt mich als Person vor der Zwangszuordnung zur Gruppe der ›Schwarzen‹? Ob diese nun freundlich (›Ich mag Schwarze.‹) oder unfreundlich (›Ich hasse Schwarze.‹) daherkommt?« Mit der Ringparabel allein und mit dem allgemeinen antirassistischen Konsens dieser Tischrunde ist es nicht mehr getan.

Die erfundenen Teilnehmer repräsentieren realistische Aspekte der Global-Gesellschaft. Mit den Worten des holländischen Soziologen Cas Wouters: »Die Integrationsprozesse der sozialen Klassen in westlichen Gesellschaften einerseits und der Nationalstaaten auf dieser Erde andererseits haben sich miteinander verschränkt. Diese Entwicklung führte zu vielen Integrationskonflikten sowohl zwischen als auch in den Menschen.«[28]

In eben dem Maße, in dem Mehrheiten oft nicht bereit sind, Minderheiten in ihren Rechten anzuerkennen, sind die Wortführer der kulturellen religiösen und ethnischen Minderheiten oft nicht bereit eines anzuerkennen: ein wie relativ kleiner Aspekt des Lebens ihrer Mitglieder unmittelbar mit der Zugehörigkeit zum katholischen, orthodoxen oder muslimischen Glauben oder auch mit der kulturellen kurdischen Abstammung zusammenhängt. Wie stark deren Leben bereits von anderen Aspekten der modernen Existenz geprägt wird.

---

28 Cas Wouters, *Konformitätsdruck und Profilierungszwang, Frankfurter Rundschau*, 11.1.1994

Natürlich erzeugen auch die Gewaltvisionen der Globalität Ängste. Religiös-fundamentalistische Reaktionen auf die elektronische Moderne mit ihren Bindungsverlusten sind verständlich, eher wäre ihr Ausbleiben verwunderlich. Aber der Schritt von der religiös bestimmten Abwehr zum Terror ist auch immer ein Schritt in genau jene Globalität, die zu bekämpfen vorgegeben wird.

Die Politik arbeitet mit Begriffen, die nur ungenau den neuen Zustand der Welt im Übergang zum nächsten Jahrtausend treffen: Die kompakt identifizierbare »Gesellschaft« der klassischen Sozialwissenschaften gibt es immer weniger. Die kompakt identifizierbare deutsche oder französische oder holländische »Person« verändert sich.

Die Begriffe stimmen oder reichen nicht mehr. »Heute wird erkennbar, daß und wie die Modernisierungsdynamik die Sozialformen der industriellen Gesellschaft auflöst oder umschmilzt... Man hat den Eindruck, daß das Festhalten an Begriffs- und Sozialformen mit dem Verschwinden der Realität, für die sie einmal standen, nicht ab-, sondern zunimmt«, konstatiert Ulrich Beck die Begriffsstarrheit der Sozialwissenschaften.[29]

Auch für die hier behandelten Fragen steht eine kritische »Begriffsreform« an, die diese Schrift nicht leisten kann. Gesellschaften, das sind zunehmend fluide Gebilde von gleichzeitigen Ungleichzeitigkeiten. Von übereinander gelagerten Ideologien, Sinnpakten, Befindlichkeiten, bei gemeinsamer Nutzung der entwickeltsten Technologien, neben der Nutzung uralter Techniken. Der fundamentalistische Politiker im Iran oder der fundamentalistische Terrorist in Kairo lebt nicht nur in einer Religionsdeutung aus dem zwölften (oder siebten) Jahrhundert, beide nutzen moderne Waffentechnik und

29 Ulrich Beck, *Politik in der Risikogesellschaft*, Frankfurt/Main 1991, S.49

Telefone. Nur einen kleineren Teil seines Wissens und Entsetzens über die verderbte Welt hat der Fundamentalist aus dem Koran, das meiste weiß auch er aus dem Fernsehen.

Die Rückkehr Khomeinys in den Iran war keinesfalls nur die Rückkehr eines Uralt-Propheten, sondern der Rückflug eines modernen Religionsfanatikers, der sich Techniken und Ängste der Moderne zunutze machte, der ohne die technisch bereits entstehende Globalisierung von Gesellschaft, ohne die Rudimente der technologisch verknüpften Weltgesellschaft also, im Iran keinen Erfolg hätte haben können. Mit Ausnahme vielleicht der Amazonasvölker, die sich gegen die Zwangsglobalisierung nicht wehren können, sind auch die religiösen oder nationalen Bewegungen am Ausgang dieses Jahrhunderts vielleicht noch in den Zielen national und lokal, doch in den Methoden und Techniken operieren sie aus einer globalen Bewußtseinslage. Auch sie sind Teil der rudimentären Weltgesellschaft. Das ändert die Dimension von Politik und ändert zugleich ihre operativen Herausforderungen. Denn die Wähler in den Demokratien, wie auch die machtlosen Erniedrigten und Beleidigten in den Diktaturen, erwarten zu Recht keine »globale Politik«, sondern lokale. Migration und Vertreibungsterror sind globale Vorgänge, aber wir, die wir Verantwortung für unsere Heimaten übernommen haben, haben noch nicht einmal die Sprache entwickelt, um mit dieser Erschütterung auch nur begrifflich umzugehen.

Die globale Dimension von Politik ist im vergangenen Jahrzehnt von Autoren und Politikern für die *ökologische* Verantwortung entwickelt worden.

Auch die Menschenrechtspolitik war nicht erst seit Präsident Jimmy Carter ausgegangen von einer globalen Verantwortung der Demokratien. Ich bin als Mitglied des Untersuchungsausschusses für Menschenrechte in Lateinamerika immer wieder involviert in Verletzungen von Menschen an Leib und Seele durch die Staatsgewalt. Woche um Woche schreibe ich Protestfaxe an Präsidenten, in deren Staaten Menschen mißhandelt, verschleppt oder umgebracht werden.

Der unkontrollierte diktatorische Machtapparat, das war die Figur, auf die sich unser Protest und unsere Einwirkungsversuche konzentrierten. Das hat gestimmt gegenüber den kommunistischen Staaten, das hat gestimmt gegenüber Chile und Paraguay – das stimmt nicht mehr im Falle Peru und Kolumbien, Algerien und der Ukraine und den meisten Staaten Afrikas: Die extreme Schwäche der Staatlichkeit dieser Gebilde ist einer der Gründe für die vielfältigen neuen Formen des Terrors.

Jede Ordnungsnostalgie für die Diktaturen der Nachfolger Stalins und der Scheinordnung ihrer offenen und geheimen Polizeien ist unangebracht und zynisch. Das Gewalt- und Menschenrechtsproblem nach dem Ende des Kommunismus wird jedoch mehr und mehr zu einem Problem des schwachen Staates und abwesender Staatsgewalt, bei gleichzeitigen »globalen« Beziehungen ihrer Gesellschaften.

Peter Sloterdijk hat in einem anregenden Essay auf Phänomene dieser Globalisierung und auf die Überforderung des politischen Personals hingewiesen. Soweit ich sehe, ist er einer der ersten, der der Allgemeinheit dieses Quantensprungs in die Weltgesellschaft nachspürt und zugleich davor warnt, diese Prozesse zu verwechseln mit dem traditionellen bürgerlichen Kosmopolitismus.[30] Er macht sehr greifbar, nicht nur das politische Personal ist überfordert, überfordert ist auch die Begrifflichkeit der Politik- und Sozialwissenschaft: Ungleichzeitigkeit, Überlagerungen von Vergangenheiten, die sehr unterschiedlich instrumentalisiert werden, haben auch den geisteswissenschaftlichen Zugang zu den politischen Phänomenen dramatisch erschwert.

---

30 Peter Sloterdijk, *Im selben Boot*, Versuch über die Hyperpolitik, S. 54

Für den im Nationalstaat gewählten Politiker ist Sloterdijks Begriff der »Hyperpolitik« schwer anwendbar, aber die tausend seismographischen Erschütterungen, die allein mein Büro erreicht haben in den letzten Jahren, die außenpolitische Mini-Praxis, die täglichen Hilfeschreie auf Menschenrecht, die das Faxgerät direkt auf den Schreibtisch von Godula Faupel, meiner Mitarbeiterin, spuckt, hinterlassen erste Abdrücke der Hyperpolitik. »Der gute alte Kosmopolitismus verwandelt sich in ein kosmopathisches Nomadentum – die Erde wird für die Angehörigen der Hyperzivilisation zu einem Stadion, in dem die Umformatierung der Seele auf die neue Synchronwelt geübt werden muß.«

Was auch Sloterdijk unbeachtet läßt, ist die nicht-lineare Form der Verwandlung. Die spezifische »Modernität« der elektronischen Globalgesellschaft ist ihre phantastische Kraft zur Ungleichzeitigkeit; doppelt nutzbar, als Sprengsatz für Terror und als Chance für Zivilität. Insofern mögen auch diese Überlegungen ein Beitrag sein zu dem, was Sloterdijk Zeitgewinn für eine Verfassungsdebatte nennt, die »in eine Weltform-Untersuchung übergeht«.

Die Gnade des guten Geburtsortes

Minderheitenrechte und Vertreibungsängste im Innern, Wanderungsdruck und Begrenzungszwang von außen. Die offene Gesellschaft tut sich schwer mit den Öffnungs- und Begrenzungszwängen. Der Staat verändert seine Aufgaben, die Gesellschaft ist auf ihre neue Doppelnatur, national und global zugleich zu sein, wenig vorbereitet. Die Bürger der reichen Welt gucken Abend für Abend auf das Elend der übrigen Welt – in bewegten Bildern auf einem Schirm aus Glas. Bürger im Doppelblick, halb nimmt er wahr, halb guckt er weg.

Westeuropa hat sich zur reichsten Region der Weltgeschichte entwickelt. Ohne noch Pässe zeigen zu müssen, können die Europäer mit ihrer Kreditkarte in die Welt, solange ihre Kartennummer sie als zahlungsfähige ordentliche Europäer, Japaner oder Amerikaner ausweist. Zugleich wird die grenzenlose Welt von neuen elektronischen Grenzen durchzogen. Auf den Flugplätzen trifft der braungebrannte Europäer, strahlend aus Bali zurück, auf den braunen Flüchtling aus Sri Lanka, der ängstlich wahrnimmt, wie freundlich Grenzpolizisten bei anderen sein können. Wir haben gesehen, die mit den technischen Kommunikationssystemen Flug und Fernsehen vereinheitlichte Welt zerrt an elektronischen Netzen, die trügerische Ordnung im aufbrechenden Chaos verheißen. Das Rütteln und Zerren ist nicht neu. Neu ist die Globalität in Raum und Zeit: Die ganze Welt und alle Stufen der Kulturgeschichte treffen sich: Ungleichzeitigkeit und Allgegenwart. Völker, die sich Regeln des achten oder zwölften Jahrhunderts haben verschreiben lassen, nutzen technische Mittel gegen Gegner, die sie unter jenen vermuten, die sich Ordnung aus dem 21. Jahrhundert aufbauen wollen. Der Flüchtling aus dem Sudan oder der Händler aus dem Senegal begegnen auf den Polizeiwachen Europas den Kleindealern der Drogenmafia.

Der Offenheit signalisierende Begriff der »Gesellschaft« hat den Blick auf menschliche Gemeinschaften verändert. Zurückhaltend waren wir nach zwei Völkerkriegen im 20. Jahrhundert mit dem historischen Begriff des »Volkes« umgegangen. Er hat sein problematisches Comeback.

Bei der friedlichen Revolution der damaligen DDR ist der Begriff des Volkes in zwei radikal unterschiedlichen Bedeutungen ausgerufen worden: *Wir* sind das Volk, meinte Demokratie und Rechtsstaat gegen Despotie und Diktatur im Sinne der demokratischen Verfassung.

Wir sind *ein* Volk, meint Zusammengehörigkeit in der deutschen Tradition eher als gemeinsame Abstammung, denn als gemeinsame demokratische Abstimmung verstanden. Jetzt, seit dem 3. Oktober 1990, wird unser politisches Leben bestimmt von beidem: Die Feststellung, *wir sind ein demokratisches Volk,* wird durch Stimmabgabe (oder Stimmenthaltung) bestätigt oder widerlegt.

Gemeinsamkeit der Erfahrungen, »Schicksalsgemeinschaft«, gemeinsame kulturelle Wertsetzungen und Traditionen, müssen Elemente auch der modernen Gesellschaft bleiben. Gemeinsame Abstammung darf niemals wieder dominierendes Gestaltungsprinzip des 21. Jahrhunderts werden. In diesem Punkt muß Deutschland sich der Vertragsethik der von Revolutionen geprägten französischen und amerikanischen Verfassungstradition öffnen. Die deutsche Politik hat ein schweres Versäumnis zu verantworten, daß ihre Antwort auf die friedliche Revolution 1989 nicht die Öffnung des Staatsbürgerrechts war.

In dem amerikanischen Film *Green Card* mit Gerard Depardieu geht es um eine Liebesgeschichte, und es geht um die Türschließer der offenen Vertrags-Gesellschaft: Da Staatsbürgerschaft und Einwanderung auf dem Vertragswerk der Konstitution beruht, werden selbst innigste Verhältnisse, Ehe und Liebe von freundlichen Beamten minutiös geprüft. Die Einwanderung von Gerard Depardieu scheitert an der Gesichtscreme der Frau, die mit ihm eine Scheinehe eingegangen war. Er wird abgeschoben. Pech gehabt. Weder gibt es eine Boulevarddiskussion über »Mißbrauch«, noch den Aufstand des Gewissens gegen die harten Praktiken der Einwanderungsbehörden. Auch die amerikanische Einwanderungsgesellschaft schottet ab. Brutal. Boat People aus Vietnam hatten in den achtziger Jahren in Europa oft eine bessere Chance als Boat People aus Haiti und Kuba in den USA der neunziger.

Wir Deutschen bilden spätestens seit 1945 eine Einwanderungsgesellschaft, leugnen aber noch immer, ein Einwanderungsstaat zu sein. Im Disput um das Asylrecht sind beide Seiten nicht wahrhaftig mit der Wirklichkeit umgegangen. Von rechts wurde immer wieder betont: Wir sind kein Einwanderungsland. Von links wurde immer wieder gesagt: Begrenzung ist Verfassungsbruch. Die Konservativen wollten ihre Wähler nicht verlieren. Die Linke nicht ihr Gewissen. Deutschland ist Einwanderungsland, und Deutschland steht unter Begrenzungszwang.

Einwanderung verändert Gesellschaft, prägt Kultur. Da hilft der Begriff multi-kulturelle Gesellschaft wenig: Kultur ist immer Multikultur. Es gibt keine reine Architektur, selbst die Bauernhäuser in der Elbmarsch sind von holländischen Bauern mitgeprägt gewesen, wie die deutschen Kirchenbauten von italienischen oder französischen Baumeistern. Und umgekehrt.

Es gibt keine »deutsche« Bibel (ein Text aus dem Orient). Es gibt keine nur deutsche Philosophie, ja selbst die deutsche Literatur ist in der Ausdrucksform deutsch, sie ist zugleich aber der sprachliche Bündelungsort von vielen Literaturen, Ideen und Formen.

Wenig untersucht ist die Wirkung der Einwanderung von 14 Millionen Deutschen aus Osteuropa auf die westdeutsche Gesellschaft bei Kriegsende, wenig auch die Einwanderung von mehreren Millionen Arbeitskräften und ihren Familien seit Beginn der sechziger Jahre. Aber ohne Zweifel haben beide Formen der Zuwanderung das Gesicht Westdeutschlands entscheidend verändert.

Politik und Sozialwissenschaftler operieren mit einem Gesellschaftsbegriff, der diese dramatischen Veränderungen wenig berücksichtigt. Einwanderungen aus dem Süden und aus dem Osten haben auch die anderen westeuropäischen Gesellschaften verändert: Frankreich, Großbritannien, Belgien, die Niederlande.

Die große Wanderung.   Die großen, sehr konstanten globalen Gegenstände des kalten Krieges, wie Erste, Zweite und Dritte Welt, wie Raketenaufstellung, wie Helsinkiprozeß, wie Wettkampf der Systeme, sind nur noch historische Erinnerung. Seither bietet die neue Unübersichtlichkeit nur einen einzigen globalen Vorgang, der von allen Westeuropäern als gemeinsames Problem wahrgenommen wird: die große Wanderung. Die Angst vor ihr auf der einen und die Entlarvung dieser Angst auf der anderen Seite haben die Diskussion der Jahre 1992/93 geprägt. Sie gehört zu unserer Geschichte.

Große Wanderung und Vertreibungsterror durch Rechtsextremisten sind in dieser Diskussion vermischt worden. Boulevardpresse und Politik haben dabei Schuld auf sich geladen. Am 18. Oktober 1991, bei den Debatten über Hoyerswerda im Bundestag, hatte der damalige Innenminister Schäuble mehr von der Angst der Deutschen vor Einwanderung gesprochen als von der Angst der vom Terror bedrohten, über sechs Millionen Bürger nichtdeutscher Herkunft. Die zwei Themen – Gewalt gegen Ausländer und wie regelt Deutschland Einwanderung – sind von allen Seiten immer wieder verknüpft worden.

Eine Rede im Bundestag und eine Verfluchung. Nach einer quälenden Diskussion gab es am 26. Mai 1993 im Bundestag die Asyldebatte. Ich hatte nach langem Überlegen dem Kompromiß zugestimmt:

»Liebe Kollegen, es gibt wohl kein Thema, bei dem es leichter ist, auf die Ungerechtigkeit der Verhältnisse und zugleich auf die Hilflosigkeit der Handelnden hinzuweisen, wie bei dem Thema Einwanderung und Weltwanderung. Es gibt nur wenige Themen, bei denen es leichter fällt, die Eindeutigkeit der eigenen Haltung und die Zweideutigkeit der Handelnden herauszustellen; denn die wirkliche Tragödie unserer Welt ist die Täuschung, es gebe dabei einen Weg, der von globaler Vernunft bestimmt sein wird. Daneben gibt es dann die bittere Erkenntnis, es gibt – Wartenberg hat das heute sehr trefflich gesagt – keine wirkliche Lösung, die mit dem globalen Anspruch unserer Humanität in Einklang steht, wenn Millionen Menschen auf Dauer ihre Heimat verlassen wollen oder müssen.

Die Bilder von der Armut der Welt und die Bilder vom Reichtum bei uns stecken uns im Kopf, auch uns allen, die wir hier sitzen. Kein Asylrecht der Welt kann diese tiefe Ungerechtigkeit in Gerechtigkeit verwandeln. Wir haben auch hier im Haus oft über ein Wort von Günter Gaus diskutiert, über das Wort von ›der Gnade der späten Geburt‹. Auch die Menschen, die heute demonstrieren, auch uns selbst ist schmerzlich bewußt, daß wir alle jetzt in dieser Weltlage in der Gnade des besseren Geburtsorts leben. Das konnte und kann der Art. 16 in unserer Verfassung nie und nimmer ausgleichen. Das kann überhaupt kein Rechtssystem ausgleichen. Wenn jemand daran leidet, dann muß man es, glaube ich, sehr ernst nehmen.

Die Deutschen haben nach Terrordiktatur und Krieg zum erstenmal – ähnlich wie die Franzosen nach ihrer Revolution und die Amerikaner – einen visionären Auftrag der Aufklärung in ihr Grundgesetz übernommen: die Chance für alle Bürger der Welt, einen Rechtsanspruch anzumelden, in das Land zu kommen und in das Asylverfahren.

Es ist von der Leuchtkraft dieses Artikels als der Freiheitsstatue unserer Verfassung gesprochen worden. Vielleicht haben wir es alle in den 40 Jahren zuwenig beachtet. Wir sollten heute daran erinnern: Das Leuchtzeichen stand in diesen 40 Jahren nie am offenen Meer, sondern am geschlossenen Vorhang aus Eisen. In Wahrheit war der Art. 16 vierzig Jahre lang ein so stark leuchtendes Zeichen, weil wir alle – ich meine auch mich – oft zornig, oft verzweifelt wußten: Stalin und seine Nachfolger werden schon dafür sorgen, daß als politischer Flüchtling kaum jemand die kahlen Landschaften zwischen Wandlitz und Wladiwostok verlassen konnte. Welche Sensation, als Solschenizyn sein erstes Asylobdach bei Heinrich Böll in der Eifel gefunden hatte! Ich erinnere mich noch sehr genau.

Die universale Ethik des Art. 16 war immer schon der geographischen und politischen Wirklichkeit unseres Landes unterworfen; immer schon, all die 40 Jahre. Und wir hatten oft nur allzugern diese Wahrheit weggeguckt. Die Mauer hatte Deutschland künstlich zur geopolitischen Halbinsel gemacht. Wer sich zum moralischen Richter unserer asylrechtlichen Zukunft macht, der muß auch unsere eigene Vergangenheit genau betrachten.

Es war richtig, langfristig auf die Erfolge der Ostpolitik und des Helsinki-Prozesses zu bauen. Es wäre falsch gewesen, den Art. 16, d.h. die Asylgewährung, zum obersten Prinzip, damals etwa bei dem Austausch von Botschaften in Osteuropa, zu machen. Das haben wir nicht getan. Wir haben an diesen Botschaften Dinge akzeptiert, die mit dem Art. 16 nicht in Einklang zu bringen sind – in Moskau, in Budapest und in Warschau –, nämlich den Polizisten unmittelbar an der Tür. Aber es war richtig. Genau darum gibt es eine wirkliche Zäsur mit dem Fall der Mauer. Darum ist es falsch, was Dregger und Schäuble heute gesagt haben. ›Wir haben schon seit 15 Jahren . . . ‹ Nein, diese neue Lage ist mit dem Fall der Mauer, dem Fall des Eisernen Vorhangs, entstanden.

Es war davor, nicht nur, was die Zahlen anbelangt, sondern auch, was die Nutzung des Artikels als Einwanderungschance anbelangt, eine in der Qualität andere Situation. Ich warne Sie davor, diese 15 Jahre sozusagen zu einem neuen Mythos zu machen. Das haben ja nicht alle Redner der Union gemacht, aber einige. Tun Sie das nicht; lassen Sie das!

Wir wollen nie wieder erleben, daß eine der Parteien mit dem Asylrecht und den vermeintlichen Versäumnissen der jeweils anderen Wahlkampf macht. Das wollen wir nicht noch einmal erleben.

Das hat Lothar Späth – ich muß das hier sagen – im

Jahre 1978 in Baden-Württemberg getan. Das war falsch. Damals ging es um die Eritreer in Baden-Württemberg. Es handelte sich um eine bestimmte Zahl. Die meisten sind jetzt nach Eritrea zurückgegangen; sie haben ein unabhängiges Land. Sie sind nicht mehr in Baden-Württemberg. Aber damals waren diese Eritreer der Anlaß, sie im Wahlkampf als Thema zu benutzen. Wir wollen das in diesem Land nicht mehr haben, Menschen, die nicht selber wählen können, für Wahlkampfvorteile zu benutzen. Ich hoffe sehr, daß der heutige Tag wenigstens dieses Signal in die Bundesrepublik Deutschland sendet, vor allem für das nächste Wahljahr. Für demokratische Parteien dürfen die Menschen, die aus dem Ausland zu uns kommen, nie wieder Material für Wahlkämpfe sein.

Jeder hier im Saal weiß tief im Innern – das wissen auch die Demonstranten; das wissen auch die Kommentatoren –: Der Art. 16 ohne Ergänzung ließe unserem Land nur die Chance – ich glaube, daß sie besteht; ich halte sie nur für falsch –, nach streng rechtsstaatlichen Regeln ein immer härter werdender Abschiebestaat zu werden. Auch wenn wir sozusagen den Anlockcharakter des Art. 16 unverändert behalten, kann man mit einem rechtsstaatlichen Verfahren sehr viel machen, sehr viel beschleunigen. Aber wir werden ein Abschiebestaat. Unsere Gesellschaft hält das massenhafte Abschieben nicht aus. Das ist der Grund, warum ich mich für diese Ergänzung einsetze.

Jetzt wird der Versuch unternommen, eine Abweisevereinbarung mit Osteuropa zustande zu bringen, die uns in dem Zwang zur Begrenzung weiterhilft, ein Versuch, der mich wie viele meiner Kollegen frösteln macht – ich das sage ganz deutlich –, so wie mich aber auch die in diesem Jahr entstandene Lage Europas frösteln macht. Dieses Europa hat gerade den Versuch des Völkermords in Bosnien an der einzigen europäischen muslimischen Minderheit geschehen lassen. Aus dieser Situation heraus werden sicher noch sehr viele sogenannte Bürgerkriegseinwanderer kommen.

Ich stimme also mit großem Trennungsschmerz zu; aber ich bin zutiefst überzeugt, daß wir auf den Orkan des Wandels, in dem sich Europa nach dem Fall der Mauer befindet, reagieren müssen. Osteuropa hat nur eine Chance, wenn Westeuropa in diesem Orkan Anker bleibt und nicht selber zum Treibsand wird. Diese Gefahr ist bei der Rezession, in der wir sind, und bei den vielen anderen Grundfragen nicht von der Hand zu weisen.

Die Väter des Grundgesetzes haben mit diesem Art. 16 eine aus dem Leid und dem Terror geborene Vision in die Verfassung geschrieben. Sie war auf gerechte Weise so wohl nie einlösbar.

Die Entscheidung heute wird keine neue Vision schaffen. Aber meine Partei und ich könnten an ihr nicht mitwirken, wenn von hier nicht neue Perspektiven, vielleicht auch visionäre Perspektiven für unsere eigene zivile und liberale Zukunft ausgingen.

Wir müssen für Bürgerkriegsflüchtlinge offen bleiben. Das ist in diesem Kompromiß angelegt; denn der Vertreibungsterror wird eines der Mittel der Politik in manchen Regionen Osteuropas werden.

Ich stimme also der Änderung des Artikels aus sehr grundsätzlichen Überlegungen zu. Ich habe es mir wahrlich nicht leicht gemacht und habe darüber – viele meiner Freunde wissen das – sehr lange nachgedacht und mich dazu geäußert.

Ich werde den Kompromiß zur Rechtsschutzgarantie nicht mittragen können. In der Einzelabstimmung werde ich die gesetzliche Fixierung sicherer Herkunftsländer aus außenpolitischen Gründen ablehnen. Ich denke, es muß für diese Feststellung andere Formen geben können als eine gesetzliche Fixierung.

Mein wichtigstes Motiv, mein eigener Kompromiß dabei ist: Die Furcht vor den Millionen, die angeblich morgen kommen – beide Seiten arbeiten manchmal mit dieser Millionenzahl –, darf den Frieden mit jenen, die hier sind, die zum Teil seit Jahrzehnten bei uns sind, nicht beschädigen, nicht zerstören. Das ist mein oberstes Motiv.

Die Angst der Menschen nichtdeutscher Herkunft in unserem Lande vor dem rechten Terror muß von uns allen sehr, sehr ernst genommen werden. Diese Angst hat inzwischen viele der 6 Millionen Menschen, die bei uns leben, erfaßt. Deutschland kann nicht leben, wenn in Deutschland keine Ausländer leben können. Die Demokratie der Deutschen kann nicht leben, wenn in ihr und mit ihr keine Ausländer mehr leben können. Das ist das Motiv, warum ich für die Ergänzung stimme.«

Auf die Rede kommt ein Brief. Persönlich. Der Absender ein Freund. Lange nichts gehört. Er kommt geöffnet in die Post. »Schande über Dich.« So fängt er an. Geschrieben mit der Maschine. Schande über Dich. Wohl zum ersten Mal lese ich eine altertümliche Verfluchung gegen mich, ausgestoßen aus Zorn über eine Rede im Bundestag. Es ging um meine Zustimmung zur Änderung des Asylartikels. Diese hatte weit mehr mit den Fragen zu tun, die ich im vorigen Kapitel behandelt habe, als mit dem offenen Vertreibungsterror der Rechtsterroristen von Hoyerswerda bis Solingen.

Zu meiner Rede und Haltung hat es viele Briefe gegeben, die meisten zornig, keiner verletzend. Und nun solche Verfluchung. Da der Autor zu einer Freundesgruppe gehört, der ich mich sehr verbunden fühle, hat mich dieser Brief mehr getroffen als antisemitische Schmähbriefe von Rechtsradikalen. Darüber will nachgedacht sein. Der Schreiber beginnt nach der Anrede: »Schande über Dich, daß Du es wagst, Heinrich Böll in der Anti-Asylrechtsrede zu erwähnen.«

Ich hatte meine Position zur Einwanderung und zum Begrenzungszwang in Reden und Artikeln über Monate öffentlich gemacht. Ein sehr schwieriger Prozeß. Die Konflikte, die Angriffe auf meine Zustimmung zu Teilen des sogenannten Asylkompromisses haben mich mehr als ein Jahr begleitet, diese Verfluchung bringt mich dazu, noch einmal darüber zu schreiben. Ganz zweifellos ist mit diesem Fluch der »Diskurs«, die Diskussion über ein Thema oder über ein Verhalten, durchbrochen worden. Wo verflucht wird, wo das Lieblingswort von Nationalisten »Schande« wohl getippt wird mit der Schreibmaschine, ist der Diskurs kaum noch möglich.

In den Tagen nach der Abstimmung sind auch andere Briefe gekommen. Morddrohungen wegen meiner Haltung zu Ausländern, wegen einiger Sätze, die ich gegen die Verharmloser des Gewaltterrors in Mölln für das Fernsehen gesagt hatte nach der Mordnacht, von denen einer mit »Du Judensau« anfing.

So wurde mir Verrat von zwei Seiten zugerufen. Welchen »Diskurs« hatten wir gemeint, als wir alle die Autoritäten ablösen wollten durch den demokratischen Disput. Den Nationalismus überwinden hieß doch vor allem, das Syndrom des Verrats hinter uns lassen, jenes Ekelwerkzeug der Nationalisten.

Geschichte, das ist auch der sorgsame Umgang mit Zufällen. Am 22. August 1992, einem Samstag abend, verkünden einige wenige Spitzenpolitiker der SPD nach einer Besprechung auf dem Petersberg einige grundsätzliche Überlegungen zum Asylrecht. Sie kündigen damit an, sich nunmehr auch für eine Änderung des Artikel 16 Grundgesetzes einsetzen zu wollen. Was wir bisher strikt abgelehnt hatten.

Einen Tag danach und völlig unabhängig davon bricht in Rostock der Vertreibungsterror gegen rumänische Asylbewerber und vietnamesische Familien aus. Der Höhepunkt in Rostock wird am Abend des Montag erreicht. Eindeutig war die Petersberger Erklärung 24

Stunden vor Rostock, aber ebenso eindeutig brachten alle Kommentatoren der nächsten Woche, auch viele Kritiker aus der SPD, die Reihenfolge umgekehrt: erst Rostock, dann Petersberg.

Einen schweren politischen Fehler hat die SPD-Führung gemacht, als sie nun die Asylgespräche mit der Regierung nicht für wenigstens einige Wochen nach Rostock ausgesetzt hat. So verfestigte sich der Vorwurf: Die Kompromißbereitschaft in der Asylfrage sei eine Reaktion auf die Gewalt und nicht auf die nach dem Fall der Mauer veränderte Form der Zuwanderung. Warum die Abfolge der beiden Ereignisse von vielen Kommentatoren umgedreht worden ist, kann ich mir nur mit der jahrelangen Propaganda von rechts erklären, die begonnen hatte lange vor dem Fall der Mauer.

Rückblick. Niemand hätte mir Vorwürfe gemacht, wenn ich den Asylkompromiß rundweg abgelehnt hätte. Außer mir selbst. Niemand hat von mir erwartet, daß ich ihm zustimmen würde. Ich hatte mich in den sechziger Jahren in meiner Heimatstadt beruflich mit jungen Ausländern vornehmlich aus Afrika beschäftigt, hatte mit einem älteren Sozialpädagogen die »Deutsch für Ausländer«-Schule in Hamburg gegründet. Darauf war ich so stolz, daß ich sie bis heute im Bundestaghandbuch erwähne. Mehrere Titel meiner Reihe rororo-aktuell befaßten sich mit dem Asylrecht. Ich selbst habe in mehreren Beiträgen dazu Stellung genommen.

In vielen Texten hatte ich seit Beginn der Hetze gegen Asylbewerber, etwa seit Ende der siebziger Jahre, Partei ergriffen. 1977 suchten in West-Deutschland etwa drei Prozent der Bewerber des Jahres 1992 politisches Asyl. Und schon da wurden sie benutzt für populistische Wahlkämpfe. In Wahrheit gab es bis zum Fall der Mauer keine »massenhafte« Asyleinwanderung. Von 1991 auf 1992 verdoppelte sich die Bewerberzahl. Vor allem aus Osteuropa, die künstliche, von der Mauer garantierte inselhafte Vergleichbarkeit Deutschlands mit Ländern wie

England oder Irland, die keine direkten Landesgrenzen haben, hatte 1990 ihr Ende gefunden. Ich habe die Änderung meiner Haltung in einem längeren ZEIT-Artikel als Antwort auf einen Beitrag von Jürgen Habermas begründet.

Fluchtbewegung.   »Also kein Zeitbruch. Der Fall der Mauer war kein Schnitt. Der Zerfall der Ostimperien nur ein Moment, der allenfalls den Schock des Augenblicks gestattet. Es muß nichts überprüft werden. Rechts bleibt rechts, links bleibt links, bös ist bös und gut ist gut. Geissler ist links und gut, der Rest ist rechts und bös.

Selten war ich so enttäuscht wie nach der Lektüre des zornigen Textes von Habermas. So ist es allemal, je größer die Bewunderung und der Respekt, um so härter trifft es den Enttäuschten. Ich rettete mich an der Freude, daß endlich dem Arnulf Baring mit seiner unsäglichen Bismarckkinderei Bescheid gesagt wurde. Einem, dem vor lauter Rückblick ganz jibberig geworden war, als die Mauer fiel. Oder daß die pathologische Absurdität, ›Wir sind wieder normal‹, angewandt auf unser Land, mächtig eins drauf kriegte. Aber mein Bravo blieb nur geflüstert. Denn daß seit Hoyerswerda Terror Terror und Mord Mord genannt werden mußte und daß Schäuble und Kohl, Rühe und Stoiber das Land an den Rand geschwiegen oder geschmäht haben, ist mittlerweile bekannt.

Zwei säkulare Herausforderungen, auf die niemand vorbereitet war: Die postkommunistische Umbruchökonomie und die Massenimmigration. Weder die deutsche Politik, ob rechts, ob links, noch die deutschen Denker, ob rechts, ob links, hatten da vorgedacht. Und wie nun der bedeutendste Sozialwissenschaftler und Philosoph unserer Generation mit den politischen und ethischen Implikationen dieser zwei Herausforderungen umspringt, das ist ernst. Und Enttäuschung ist ein schwaches Wort.

Wir sind von der Wirklichkeit überrumpelt worden. Oft in den vergangenen vierzig Jahren wußte sich die demokratische Linke eindeutig auf der richtigen, der moralisch einwandfreien Seite. Die vielgliedrigen Wirkungsketten der Weltzweiteilung haben unser Denken und Handeln stärker geprägt, als wir merkten. Die zwei brennenden Leuchtmarken für den Kurs hießen: Auschwitz und Hiroshima. Unser Gefährt trug die stolzen Wörter ›Gerechtigkeit und Freiheit – Entwicklung und Frieden‹. Wenn die Erste Welt erst gerecht, die Zweite erst frei sein würde, dann könnten beide der Dritten um so besser helfen, sich zu entwickeln. Oder so ähnlich. Den Nationalstaat hatten wir hinter uns gelassen, den Verfassungspatriotismus wollten wir ausfüllen.

In dieser Vision tauchten unsere zwei größten Aufgaben der neunziger Jahre gar nicht auf. Daß nicht der Wohlstand zu den Elenden kommt, sondern die Elenden zum Reichtum, daß nicht die kommunistische Wirtschaft reformiert werden, sondern über Nacht verschwinden würde. Darauf hatte keiner ein Konzept. Das mindert nicht das Versagen der Regierung. Aber eine Lebenslüge der Linken wäre es, wenn sie vorgäbe, sie hätte ziemlich genau gewußt, was zu tun ist. Vorsichtig hatten wir uns getraut, einige der Tragödien anzugeben, die die Wirtschaft und die Menschen Ostdeutschlands bei diesem ›Wirtschaftsvertrag‹ erleiden würden. Ich weigere mich, heute so zu tun, als hätten wir ein Patentrezept gehabt.

Keiner entkommt dem Begrenzungszwang. Was sagt Habermas zu Asyl und Einwanderung? Nichts Neues, nichts Eigenes. Das ist mein Hauptgrund für die Enttäuschung. Da ist der Professor genauso ›dran‹ wie der Politiker, denn an der dem Staat übertragenen Obdachpflicht haben wir alle unsere Unschuld längst ver-

loren. Nach Antwort und Hilfe von den Geisteswissen-
schaften wird bisher vergeblich gefragt. Ein guter Aus-
weis für die allgemeine Hilflosigkeit ist das jüngst er-
schienene *Critique de la Modernité* des französischen
Habermas-Kollegen Alain Touraine, zwar greift er den
Simmelschen Grundgedanken des ›Fremden‹ auf und
möchte ihn durch den ›Emigranten‹ als Symbolfigur unserer Zeit ersetzen, aber sozialethische Antworten auf
die zentrale Frage gibt er nicht: Wie sollen wir mit Begrenzungszwängen für Einwanderung in unserer postna-
tionalen zivilen Gesellschaft umgehen, deren Stabilität
in der Balance zwischen Wirtschaftsdynamik und Ver-
fassungskonsens liegt? Nein, wir waren nicht vorbereitet
auf diese Form der Einwanderung. Unsere Moral war
geprägt von der Weltzweiteilung und der Pflicht, den
Armen bei sich zu Hause zu helfen. Eine Fakten- und
Gedanken-Arbeit, vergleichbar der Gunnar Myrdals, *An
American Dilemma,* liegt für das Thema Einwanderung
nach Europa aus der Feder der großen Sozialwissenschaftler weder in Frankreich noch in Deutschland vor.

Jürgen Habermas zürnt über eine Asyldebatte, die
sich weitgehend vom Terrordruck der Brandwerfer und
Brandstifter habe leiten lassen. Natürlich bleibt kriminell der Begriff ›SPD-Asylant‹, beleidigend und zynisch
›der Beileidstourismus‹. Aber der Zorn darüber ersetzt
nicht das Nach- und Vordenken über das Problem. Soll
wirklich dies auch noch ein weiterer schrecklicher Erfolg der Biedermänner und Brandstifter sein, daß die
Diskussion über das Asylrecht durch Mord tabuisiert
wird? Denn es gab auch eine Asylrechtsdebatte, unabhängig vom rechten Terror, sie hat auch nichts mit dem
›gesunden Volksempfinden‹ zu tun, von dem Manfred
Frank gesprochen hatte, sondern mit einer Veränderung
in der Wirklichkeit. Rupert Neudeck, der mehr politisch Verfolgte nach Deutschland geholt hat als irgendein anderer, Dany Cohn-Bendit, der europäische
Glücksfall in Frankfurt, Willy Brandt, der auf die völlig

andere Emigrationssituation nach 1945 hingewiesen hatte, als das Grundgesetz geschrieben wurde, und viele andere haben unabhängig vom Terror über ein sinnvolles Asylrecht nachgedacht.

Wissenschaft will definieren, uns mit Begriffen und Sprache versorgen; Grenzen ziehen: Die ethische Kernfrage der modernen reichen Gesellschaft, die ökonomisch grenzenlos in die Welt eingewoben ist, bleibt die moralisch begründbare Grenzziehung, die rechtliche und die faktische. Und bitte nicht mogeln: Der Artikel 16 ist grenzenlos. Er meint die Menschheit. Sehr ernst und ohne Augenzwinkern. (Zur Zeit kommen etwa eintausend Menschen pro Monat aus Algerien nach Deutschland – verfolgte Fundamentalisten. Aus Afghanistan kommen Anführer und Mitarbeiter der geschlagenen kommunistischen Regierung, die ihrerseits vor zwölf Jahren Millionen in die Flucht gedrängt hatten.)

Empörend war die Hetzkampagne gegen das Asylrecht nicht erst seit 1989, sondern spätestens seit 1978. Und wir alle hatten uns mit dem Artikel 16 die Welt besser geredet, als sie war, auch unsere. Moralisch unakzeptabel war das Einwirken der Bonner Regierung der achtziger Jahre auf Honecker, den Torspalt für Flüchtlinge aus Asien so schottendicht zu machen, wie er für alle Europäer hinterm Eisernen Vorhang ohnehin war. (*Interflug* hatte Sonderflüge aus Pakistan organisiert. Ein Geschäft.)

Der erstmalige (und wohl einmalige) Impuls, den Menschheitsbegriff der Aufklärung nicht nur deklamatorisch zu verstehen, sondern als einklagbares Recht für alle Menschen in die Verfassung der Deutschen zu schreiben, war in Wahrheit seit Beginn ein vielfach gebrochenes Angebot. Seine Strahlkraft hat schon früh unter dem Reise-Njet des kommunistischen Lagers gelitten. Die Welt-Utopie des Artikel 16 stand vierzig Jahre im fragwürdigen Schatten der Mauer.

Das Jahr 1989 kann zur moralischen Falle werden –

für uns Verfassungspatrioten, wenn wir uns über unseren eigenen Umgang mit dem Asylrecht hinwegtäuschen. Die Mauer geöffnet, und Hunderttausende suchten zu verwirklichen, was bis dato der CDU als unbillige Propaganda hat vorgeworfen werden können: das deutsche Asylrecht zur Einreise in das reiche Europa zu nutzen. Die Propaganda von rechts gegen dieses Asylrecht seit 1978 war gehässig und populistisch. Jetzt, mit 450.000 Bewerbern (1992), ist es zum Einwanderungssignal für die postdiktatorische Welt Osteuropas geworden. Die notwendige Einwanderungspolitik läßt sich mit dem Artikel 16 nicht machen. Wer aber jetzt, wie Jürgen Habermas und viele andere, die geografische Lage Deutschlands zu einer ethischen Kategorie erklärt, die sich a priori von der Frankreichs, Spaniens, Englands oder Irlands unterscheide, argumentiert moralisch fahrlässig. Zumal dann, wenn die politische Einmauerung dieser geographischen Lage unsere Asyldebatte mehrere Jahrzehnte kaum berührt hatte. Jetzt, wo sich Osteuropa unter Schmerzen demokratisiert, soll es moralisch verwerflicher sein, mit Warschau und Prag Verträge auszuhandeln, als mit Ostberlin und Moskau seinerzeit die Konditionen der friedlichen Koexistenz? Damals gab es neben anderen auch eine moralisch argumentierende Fundamentalopposition von rechts gegen den Helsinki-Prozeß. Wir Linken haben damals nicht darauf bestanden, daß wenigstens unsere diplomatischen Vertretungen Formen des Mindszenty-Asyls gewähren konnte. (Der ungarische Erzbischof mußte den Rest seines Lebens in der amerikanischen Botschaft in Budapest verbringen.) Wir hätten das als antikommunistische Zumutung abgewehrt. Und was war gestern, was ist heute mit Opfern von Verfolgung im Norden Brasiliens, was mit den Drangsalierten in Ost-Timor? Seit Jahrzehnten sind sie jenen geographischen Grausamkeiten unterworfen, und keine deutsche Linke hat je gegen den Visumzwang für Bürger Indonesiens aus Ost-Timor protestiert.

Was aber heißt Einwanderung?. Was immer wir tun, unser Problem heißt Begrenzung, heißt Auswahl. Und genau an diesem Punkt haben die Kritiker den Moraldetektor aufgestellt, nicht nur für die Politik, sondern auch für sich selbst. Wer sich dem Begrenzungszwang stellt, hat schon verloren. Da enttäuschen die Kritiker am meisten. Sie weichen der Begrenzungsfrage mit den Hilfsfloskeln der vergangenen Monate aus: An welcher Stelle Begrenzung einsetzt, ob nach verkürztem Verfahren, ob an der deutschen oder der polnisch-russischen Grenze, ob an den Flughäfen oder in den deutschen Botschaften, wo die Visen ausgegeben oder verweigert werden, der Moraldetektor schlägt aus: »unmenschlich«. Und er hat recht. Die in Bewegung geratene Welt ist im Verständnis des auf soziale Stabilität bauenden Humanismus kaum noch menschlich zu nennen. Dazu eine nichtzynische Ethik zu entwickeln scheint schwerer als ethische Fragen der atomaren Endzeitdrohung. Natürlich, wir haben sehr konkrete Visionen: offener Welthandel, Fluchtursachen bekämpfen, Entwicklungshilfe erhöhen, Vertreibungsterror (Bosnien) ächten und ahnden, bei uns selbst asketische Lebenskulturen erproben. Aber was immer wir denken, was immer wir tun, was immer wir sagen, wir stehen unter Begrenzungszwang. Den hatten uns bis 1989 die kommunistischen Grenzer abgenommen.

In diese Diskussion haben sich viele auf eine fatal manichäische Weise eingebracht. Ein Beispiel: Warum muß ausgerechnet Habermas die allzu einfache Forderung übernehmen, das Problem der großen Zahl ließe sich ohne GG-Änderung mit Verfahrensbeschleunigung bewältigen? Alle Beschleuniger reden nicht davon, was nach dem beschleunigten Verfahren passiert: massenhafte Abschiebung? Hunderttausende? Der Artikel gerettet, die Menschen zu Paketen verschnürt? Wer hier ist, sollte bleiben können? Ja, aber dies geht nur, wenn begrenzt viele kommen. Das heißt abweisen. Ist abweisen moralischer als abschieben? Darauf habe ich keine Antwort. Aber ich weiß, daß mir kotzübel ist, weil wir beides werden verantworten müssen. Und kotzelend, wenn ich lese, wie wohlfeil sich viele meiner Freunde hinter die moralische Hecke kauern, um vom Schmutz der Zeit nicht getroffen zu werden.

Das zweite Beispiel: Habermas fordert zu Recht, wie viele vor ihm, ein Einwanderungsgesetz. Ich auch. Aber das geht nicht mehr mit Formeln. Einwanderung »wollen« wir nicht nur. Einwanderung haben wir. Seit Jahrzehnten sind wir Einwanderungsland. Warum also diese Patentformeln. Wie sähe etwa ein Einwanderungskonzept aus, das Bulgarien sagen wir zehntausend Auswanderer, der Ukraine zwanzigtausend, Tadschikistan zehntausend und Algerien zwölftausend zubilligt? Mit jedem Jahresbeginn wären nach wenigen Tagen die Quoten erfüllt, und der deutsche Staat gemeinsam mit dem polnischen und dem tschechischen wäre gezwungen, alle die Grenzungeheuerlichkeiten zu planen, die dem sogenannten ›Asylkompromiß‹ jetzt so massiv vorgeworfen werden. Der furchtbare Mangel des ›Asylkompromisses‹ ist die fehlende Reform des Einbürgerungsrechts, nicht die fehlende Definition des Einwanderungsrechts.

Der Frieden mit denen, die da sind, darf nicht zerstört werden durch die Angst vor angeblichen Abermillionen, die kommen: Darum hat diese radikal veränderte Einbürgerungspolitik Vorrang vor Ausweitung der Einwanderungskonzepte. Zu denen, die »da sind«, gehören auch diejenigen, die vorgestern und gestern als Asylbewerber gekommen sind. Darum alle Anstrengung der erleichterten Einbürgerung: Doppelstaatsbürgerschaft, Wahlrecht, ius solis!

Angst davor, daß niemand Deutschland erreicht, habe ich nicht. Das Schengener Abkommen sieht eine Reihe von Ausnahmen vor: Verwandte in, Visa für Deutschland. Wir brauchen eine gemeinsame Asylpolitik Westeuropas, aber auch sie kann es nur geben, wenn es ein europäisch angeglichenes Asylrecht gibt. Europa wird gezielte Hilfen für politisch Verfolgte und Gefährdete verstärken müssen: Rupert Neudeck hat Verfolgte aus Vietnam, Hans Jürgen Wischnewski aus Chile geholt, jeder von uns, der seit Jahren in dieser Arbeit steckt, hat einzelnen geholfen. Wir brauchen Einwanderung. Gerade deswegen sind wir zur Begrenzung verdammt. Mir ist egal, ob uns Ethiker, Sozialphilosophen oder Religionslehrer bei dieser moralischen Frage helfen. Aber bitte Hilfe statt Moraldetektei. Denn unser Verfassungspatriotismus wird nicht mehr lange ertragen können, wenn jeder, der einen konkreten Schritt tut, wie einst bei der Ostpolitik, der moralischen Guillotine zugewiesen wird.

Die Antwort der Intellektuellen auf die Massenflucht der Menschen darf nicht die eigene Denkflucht sein. Die sichere Insel der unberührten Seligen gibt es auf dieser Erde nicht.«[31]

31 *DIE ZEIT,* 8. 1. 1993

Fragwürdige Identitäten oder:
Was aber sind Minderheiten?

> »Die Zivilisation ist niemals beendet und
> immer gefährdet. Sie ist gefährdet, denn
> um eine zivilisatorische Haltung in einer
> Gesellschaft aufrechtzuhalten, bedarf es ei-
> nes verhältnismäßig hohen Maßes an
> Selbstzucht und ... es bedarf eines hohen
> Maßes der Pazifizierung, die Befriedigung
> einer Gesellschaft im Innern ist immer ge-
> fährdet. Sie ist gefährdet durch gesellschaft-
> liche Tendenzen selbst.«
>
> *Norbert Elias:* Zivilisation und Gewalt,
> *in:* Botschaft und Dienst,
> 39. Jahrgang 2/1988, S. 10

Homogene Gesellschaften gibt es in Europa nicht mehr.
Wanderungen haben immer wieder zu neuen Minderheiten geführt, die sich allmählich assimilierten oder
durch Abgrenzung gar eine noch schärfere Kontur er-
fuhren. Weltgeschichte ist Wanderungsgeschichte. Völker sind Mischungen. Oft erkennbar, oft vergessen. Die
Kriegs- und Konfliktperioden werden erinnert, die langen Zeiten des Friedens oft verdrängt.

Die zivile Geschichte des Libanon ist zersprengt worden. Die Erinnerung an viele Generationen gemeinsamen Lebens dient heute als Chance für die Rückkehr
zur Zivilität. Auch auf dem Balkan gab es lange Peri-
oden der friedlichen Kultur des Zusammenlebens. Ge-
messen an der wahren Zeit (und nicht nur der historisch
von den Gruppen tradierten) gibt es Traditionen von Zivilität, die wesentlich länger währten als die tödlichen
Haßkämpfe. Ohne Zivilität, jener Balance zwischen der
Anerkenntnis der Gleichheit der Bürger und der Tole-

ranz gegenüber den Unterschieden, hätten auch die Menschen des Balkan keine Chance gehabt, ihre miteinander verflochtenen Kulturen zu entwickeln.

Aber kulturelle Minderheiten des 21. Jahrhunderts werden sich zwischen Integration und Distanz ganz anders entwickeln, als historische Erfahrungen uns lehren: Entfernung ist in der Moderne keine wirkliche Ursache für das Intensivieren oder Nachlassen der Bindungen, der Kontakte – also all dessen, was ich, ganz unsoziologisch, das soziale und kulturelle Gewebe nenne.

Die russischen Puppen. So könnte Politik im 21. Jahrhundert stärker bestimmt sein von der Wirklichkeit der *russischen Puppen.* Von den Minderheiten in den Minderheiten. Die technische Moderne erlaubt kein friedliches Zurück in die Homogenität. Nicht im Balkan, nicht in der früheren Sowjetunion und schon gar nicht in Westeuropa. Denn wenn das Gewebe der gemeinsamen Regeln und Überzeugungen zerreißt, kann jeder zu jedermanns Minderheit werden. Es läßt sich in der jeweils größeren immer noch einmal die kleinere Minderheit entdecken: in den Staaten, in den Völkern, in den einzelnen Menschen. Weder die Politik noch die Sozialwissenschaft sind auf der Höhe der Zeitbombe.[32] Minderheitenschutz läßt sich allein aus den Zivilitäts- und Toleranztraditionen nicht mehr gewährleisten: Er muß eingewoben werden in das Rechtsgebäude zwischen dem Schutz und den Pflichten des einzelnen, dem Hoheitsanspruch des Staates – als neue (uralte) Dimension des Rechtes, nicht nur als einzelner anders sein und

32 Ich verweise auf den sehr pragmatischen Ansatz von David Theo Goldberg, *Racist Culture, Philosophy and the Politics of Meaning,* der sich natürlich auf die Rassismusdiskussion in den Vereinigten Staaten konzentriert. Aber er weist nach, wie rassistisch konditioniert auch das Denken der Aufklärung sein konnte. Goldberg warnt vor verständlichem, aber oft kontraproduktivem ideologischem Antirassismus.

leben zu dürfen, sondern auch als Gruppe die eigenen Traditionen und Lebensformen lebendig zu halten – schwer genug in der globalisierten Gegenwart.

Europa wähnte sich jenseits der Minderheiten. Aber die Konflikte in Nord-Irland und im spanischen Baskenland zeigen unsere gefährliche Illusion. Auch sehr kleine Terrorgruppen sind in der Lage, das Klima der Zivilität zu vergiften. Das gelingt sogar in Frankreich, dem Land mit der ausgeprägtesten Tradition des übervölkischen modernen Staatsbürgers: Auch in Korsika operieren Leute, die nicht ausschließlich Franzosen sein wollen.

Italien hat inzwischen in Südtirol eine rechtlich vorbildliche Form der kulturellen und konstitutionellen Balance zwischen Staatsbürgerschaft und Minderheitenkultur gefunden.

Als Mitglied des Auswärtigen Ausschusses hatte ich mich in den vergangenen Jahren mit dieser Schlüsselfrage für das Verhältnis der europäischen Staaten zueinander im 21. Jahrhundert befaßt. In Deutschland war dies zunächst eine Diskussion, die die Sprecher der Vertriebenenverbände aufwarfen: Sie stellten die Frage nach den deutschen Minderheiten in Osteuropa. Sie benutzten – und benutzen – dafür den Begriff »Volksgruppe«. Diese Begriff lehne ich ab. Er signalisiert Zugehörigkeit nach Abstammung. Er bekräftigt die Überordnung der Gruppe über die Einzelperson.

Willy Brandt hatte mich gebeten, im Menschenrechtskomitee der Sozialistischen Internationale (SI) auch Minderheitenfragen zu bearbeiten, die ja quer stehen zum traditionellen Begriff der sozialistischen und demokratischen Bewegung. Besonders die französische und spanische Linke konnte und wollte sich nicht anfreunden mit einer Diskussion, die sie als überholt ansahen. Ihnen waren Fragen fremd, die vor der Bildung des Nationalstaates gestellt worden waren und nun als »erledigt« angesehen würden. 1991 und 1992 konnte ich eine kleine Ad-Hoc-Arbeitsgruppe in London leiten, zur programmatischen Verständigung über das so kontroverse Thema und zur Ausarbeitung eines internationalen Konzepts zum Minderheitenschutz.

Wir haben uns ein Jahr lang damit gemüht. Westeuropäer, Südeuroäper, Kanadier, Südamerikaner, Südtiroler, Osteuropäer, Israelis, soweit sie Mitgliedsparteien der SI vertraten. Das Zentrum der westlichen Rechtsposition ist die einzelne Person. Diese zentrale Rolle der einzelnen versuchte ich in den Debatten durchzusetzen: Im Konfliktfall zwischen den Rechten und Pflichten des Individuums und der geschützten Gruppe hat das Individuum den Vorrang. Das heißt, Minderheitenschutz bedeutet nicht nur den Schutz aller Personen, die einer bestimmten Minderheit angehören, sondern auch den Schutz des Individuums vor der Minderheit. Also ein junges Mädchen von achtzehn Jahren, die die strengen Regeln ihrer türkischen Familie loswerden will, muß unter dem Schutz des Staates stehen, wenn sie ihre Gruppe verlassen möchte. Wir hatten dafür eine Formulierung gefunden, als uns die kanadische Delegierte darauf aufmerksam machte, daß wir mit unserer Formulierung den individuellen Schürfrechten EXXONS Vorrang einräumten vor den kollektiven Landrechten eines bestimmten Indianerstammes im Nordwesten Kanadas. Sie hatte recht. Wir haben den Passus entsprechend erweitert.

Parallel zu Gorbatschows Öffnung wurde schon Mitte der achtziger Jahre deutlich, daß diese Minderheitenfrage eng verknüpft war mit der Menschenrechtsdiskussion in den kommunistischen Staaten. Sie hatte die alten Konflikte, auch den Ost-West-Konflikt, überdauert und überlagert. Einigermaßen verblüfft war ich im November 1985 vom Budapester Kulturforum der KSZE nach Hause gekommen, zu der mich der Bundestag als Beobachter geschickt hatte. Es gab auf dieser Konferenz trotz vieler Vorentwürfe kein Abschlußdokument. Zunächst wurde vermutet, das läge, wie meistens, an unvereinbaren Positionen zwischen Moskau und Washington. Dann stellte sich heraus, Ungarn und Rumänien konnten sich auf keinen gemeinsamen Text einigen – es ging schon damals um sehr grundsätzliche Differenzen darüber, was eine kulturelle Minderheit denn sei. Heute ist die Minderheitendiskussion das zentrale Thema aller postkommunistischen Staaten. Es wird oft nach den Mustern des 19. Jahrhunderts diskutiert. Selbstbestimmung auf der einen Seite, »brüderliche Solidarität« auf der anderen Seite. Die neue Militärdoktrin Rußlands behält sich ausdrücklich ein Interventionsrecht zugunsten der russischen Brüder jenseits der neuen Staatsgrenzen vor. Aus Solidarität wird rasch Hegemonialanspruch. Und wir sind mitten in den Konfliktzonen des 19. und 20. Jahrhunderts. Nicht aber in den sozialen und kulturellen Problemen des 21. Jahrhunderts.

Auf eine fast dialektische Weise operieren bis heute beide Seiten, der zentralistische Nationalstaat und die militanten Minderheitengruppen, mit einem gemeinsamen Begriff, dem Recht auf Selbstbestimmung. Er ist unter den zahlreichen über-nationalstaatlichen Konventionen, deren Mitgliedschaft ja alle Staaten anstreben, in Wahrheit immer irrelevanter geworden. Zugleich aber Instrument geblieben bei fast allen gewaltträchtigen Konflikten der Gegenwart. Das Problem hat sich vervielfältigt, aber das Spiel damit ist nicht neu. Schon im Jahre 1809, zwanzig Jahre nach der großen und blutigen bürgerlichen Revolution, wiederholte der große Bonaparte eine Methode, die ihm Jahre zuvor viel Land und Ehr allüberall in Europa eingebracht hatte. Während der Kämpfe in Österreich rief er den Ungarn zu: »Ihr habt ein eigenes Brauchtum und eine eigene Sprache; ihr könnt euch erlauchter Ahnen und einer alten Geschichte rühmen: So nehmt denn selbst wieder eure Geschicke als Nation in die Hand.« Dann kam der Nachsatz an die verblüfften Freiheitshoffer: »Und dann teilt mir eure Entschlüsse mit.« Wie mit den Ungarn, so hatte er mit den Polen, und Murat, sein französischer Vizekönig von Neapel, mit den Italienern auf die nationale Karte gesetzt, um gegen Wien aufzustacheln. Jetzt scheint es, als werde dem Umschwung von 1989 wiederum, wie dem von 1789, eine lange Zeit des künstlich gestachelten völkischen Hasses folgen.

Wo der Staat, der sich als Wahrer des Prinzips einer übervölkischen Staatsbürgerschaft sieht, Gewalt gegen Ausdrucksformen der Minderheitenkultur einsetzt, haben es die Assimilationsgegner leicht, jetzt können auch sie sagen: Wer dazugehört und wer nicht dazugehört, bestimmen wir. Gewalt und Gegengewalt verengen das Ziel auf Zwangszugehörigkeit nach Abstammung.

Das kommt nicht von ungefähr.

Jetzt haben Kurden in Anatolien, die auch künftig türkische Staatsbürger bleiben möchten, kaum noch eine Chance zwischen Terror und Gegenterror. Gewalt zwingt sie in Loyalitäten. Jetzt werden von beiden Seiten Zwangszugehörigkeiten herbeigebombt, Ahnenpässe mit Blut gestempelt. Die erzwungene Zugehörigkeit zu einer vom Staat terrorisierten Gruppe schafft Opferbindungen, aus denen neue Täterkarrieren entstehen.

In Deutschland leben nahezu zwei Millionen Türken. Als Bürger und Arbeitnehmer. Die meisten interessieren sich nicht für die Kämpfe in ihrer Heimat, aber die Täter-Opfer-Mechanik kann schnell in Gang geraten, kann schnell Türken, die sich als Kurden empfinden, oder Kurden, die ihre türkische Nationalität abschütteln wollen, zu Feinden machen, in Berlin, in Hamburg, in Augsburg oder in Düsseldorf. Der Abstammungskrieg wäre dann morgen mitten in unseren Städten.

Minderheiten der Moderne entstehen anders als die historischen, ihre Mitglieder leben auch anders zwischen der Verlockung der Assimilation und der bewußten Distanz. Auch Deutschland muß Abschied nehmen von seinem gefährlich schönen Traum, es sei ein Land ohne große kulturelle Minderheiten geblieben:

Beide Seiten hatten sich in den vergangenen Jahren getäuscht, wenn über die Zukunft der Gastarbeiter diskutiert wurde. Die Konservativen versuchten die Fragen von Bürgern zu beruhigen, mit der Aussicht, daß die Gastarbeiter ja nur vorübergehend bei uns blieben und irgendwann wieder in die Heimat gingen. Wir Linken und Liberalen deuteten auf die vor hundert Jahren ins Ruhrgebiet eingewanderten Polen und waren sicher, daß es zur völligen Assimilierung kommen würde. Beide hatten unrecht. Es ist etwas Drittes entstanden, was so im 19. Jahrhundert nicht möglich war. Die drei Ferntechnologien bewirken das Gegenteil vom Vermuteten. Es entsteht nicht rascher die assimilierte einheitliche Gesellschaft, sondern die inneren Unterschiede können sich sogar verstärken. Auf diesen Effekt waren wir nicht vorbereitet – die Sozialdemokraten nicht, Konservative nicht, Wissenschaftler nicht.

Ich habe vorgeschlagen, die Existenz einer Minderheit von deutschen Türken anzuerkennen. Denn die Integration der türkischen Familien in die deutsche Gesellschaft hat nicht stattgefunden. Entstanden ist eine große türkische Minderheit. Sie gibt es. Sie bemüht sich darum, in Deutschland akzeptiert zu werden, viele von ihnen wollen Deutsche werden. Aber Deutsche, die auch weiterhin Mitglieder der türkischen Minderheit sind. Und die technischen Möglichkeiten eines engen Kontaktes mit der Heimat nutzen, die die Einwanderer des 19. Jahrhunderts in die USA nicht hatten. Das ist für die Deutschen, die Liberalen wie die Konservativen, eine schwierige, aber dringend notwendige Erkenntnis, die auch anderen europäischen Gesellschaften nicht erspart bleibt. Auch die polnische Republik war nicht darauf vorbereitet, daß vierzig Jahre nach Ende des Weltkrieges im deutsch-polnischen Verhältnis noch einmal eine kulturelle Minderheitenregelung nötig und möglich werden könnte. Heute ist der deutsch-polnische Vertrag eines der ersten zwischenstaatlichen Abkommen, in denen die Rechte der polnischen Deutschen (oder deutschen Polen) festgelegt wurden. Das ließe sich auch auf die türkischen Deutschen (oder deutschen Türken) übertragen:

»Die Angehörigen der türkischen Minderheit in der Bundesrepublik Deutschland, das heißt Personen deutscher Staatsangehörigkeit, die türkischer Abstammung sind oder sich zur türkischen Sprache, Kultur oder Tradition bekennen, sowie Personen türkischer Staatsangehörigkeit in der Türkei, die deutscher Abstammung sind... haben das Recht, einzeln oder in Gemeinschaft mit anderen ihre ethnische, kulturelle, sprachliche und religiöse Identität frei zum Ausdruck zu bringen, zu bewahren und weiterzuentwickeln, frei von jeglichen Versuchen, gegen ihren Willen assimiliert zu werden.« Kaum jemand kennt diesen Text. Es ist der von mir nur leicht abgewandelte Wortlaut des Artikels 20 (Absatz 1) des deutsch-polnischen Vertrages. Dieser Vertrag regelt die vielfältigen Probleme, die sich aus der Lage der deutschen Minderheit in Polen ergeben. Ich selbst habe bei den Diskussionen um den Minderheitenschutz in der KSZE immer wieder auf den zentralen Absatz vier dieses Artikels hingewiesen: »...die Zugehörigkeit zu den in Absatz 1 genannten Gruppen (ist) Angelegenheit der *persönlichen* Entscheidung eines Menschen, die für ihn keinen Nachteil mit sich bringen darf.« Das gilt natürlich auch für die Entscheidung, sich von der Gruppe zu lösen.

Die Artikel 20, 21 und 22 des Deutsch-polnischen Vertrages (vom 21. Dezember 1991) waren das große Weihnachtsgeschenk an die KSZE: Zum ersten Mal haben zwei Staaten sehr ausführlich dargelegt und festgestellt, welche Rechte und Pflichten den Bürgern der Minderheit zukommen. Die Vereinten Nationen, die Europäische Konvention, die Schlußakte von Helsinki, die Kopenhagener KSZE-Konferenz und die Charta von Paris für eine neues Europa – alle diese Dokumente haben wichtige Beiträge zu einem völkerrechtlichen Minderheitenschutz geliefert. Sie alle sind Bestandteil des deutsch-polnischen Minderheitenschutzes. Man hat meinem Vorschlag vorgeworfen, er würde das Tor öffnen zur Aufsplitterung aller »Ausländergruppen« in Minderheiten, die in besonderem Verhältnis bleiben zu ihren Heimatländern, und das Ziel der Einbürgerung sei gefährdet. Das sind ernste Argumente. Aber das neu entstandene Problem der übernationalen Doppelloyalität der meisten bei uns lebenden Bürger nichtdeutscher Herkunft braucht auch eine übernationale Lösung. Wenn es dafür keine übernationalen Institutionen gibt, dann scheint mir die zwischenstaatliche Bindung ein sinnvoller erster Schritt, um die veränderte soziale und kulturelle Existenz rechtlich zu sichern. Auch die historischen Konkordate zwischen Staat und Kirchen versuchten die verschiedenen Zugehörigkeiten von Bürgern zu benennen, ohne die Bürger in ihrer religiösen Selbstbestimmung gängeln zu können. Es sind erste Schritte.

Denn über solche zwischenstaatlichen Verträge und allgemeine Erklärungen der europäischen Organisationen hinaus hat Europa noch keinen gemeinsamen Begriff vom Spannungsdreieck: Minderheiten, Staat und Person. Weder die Vereinten Nationen noch die Europäische Union oder die KSZE sind bisher fähig, wenigstens Ansätze des bestehenden Rechtsgewebes durchzusetzen.

In einer »Regierungsbefragung« am 10. November 1993 stellte ich dem Außenminister Klaus Kinkel die mündliche Frage: »Gibt es jetzt mit den Partnern in Westeuropa eine gemeinsame, auch völkerrechtlich akzeptable und verbindliche Konzeption und einen verbindlichen Begriff der Minderheiten?« Gab es nach vielen Jahren intensiver Diskussion und einigen sehr grundsätzlichen Übereinkommen über das wichtigste neue Element der europäischen Außenpolitik bereits Konsens? Die Antwort des Außenministers war nicht überraschend, aber beklemmend: »Eine verbindliche Definition der Minderheit existiert auf internationaler Ebene nicht. Auch unter den westeuropäischen Partnern hat man sich bislang nicht auf ein gemeinsames verbindliches Verständnis geeinigt.« Die so verschiedenen Deutungen des Bosnienkonfliktes zeigen: Europa ist trotz vieler völkerrechtlicher Dokumente noch weit entfernt von einem gemeinsamen Begriff von Minderheiten. Das aber heißt, es ist unsicher über Grundvorstellungen seiner gemeinsamen demokratischen Zukunft.

Fragwürdige Identitäten. Was aber sind – sozial und kulturell – »Minderheiten« in der modernen Gesellschaft? In meiner Stadt Hamburg gibt es Kirchen oder Tempel aller Weltreligionen, denen Hamburger Bürger beitreten könnten. Es gibt eine buddhistische, mehrere islamische und viele christliche Minderheiten in Hamburg. Auch türkische und kurdische. Aber das zivile Zusammenleben bleibt nur solange möglich, wie diese Zugehörigkeiten nur einen Teil des Lebens ausmachen. Nur solange kann demokratische Zivilität gewahrt bleiben, wie die Mitglieder solcher Minderheiten darüber hinaus als Bewohner der modernen Großstadt, auch Wähler, Arbeitnehmer, Unternehmer, Verkehrsteilnehmer, Marktkäufer und -verkäufer sind. Wird die Fähigkeit und Bereitschaft, in einer Person – oder in einer Familie – in verschiedenen Rollen und Identitäten zu leben, aufgekündigt, dann droht Gefahr für die Zivilität aller. Darum muß das deutsche Staatsbürgerrecht reformiert werden. Darum muß das völkisch bestimmte Eigenbild der Deutschen überwunden werden. Als 1989 irgend jemand aus dem demokratischen Ruf: »Wir sind das Volk!« den verständlichen Aufruf: »Wir sind ein

Volk!« machte, sagte mir ein deutscher Freund (italieni-
scher Abstammung, dritte Generation): »Bisher gehörte
ich immer dazu, mit diesem Slogan scheint ihr mich
nicht mehr zu meinen.« Ich versuchte ihn zu beruhigen.
Es ist mir nicht gelungen. Jetzt sind wir ein Staat, eine
Gesellschaft, ein Volk, das aus vielen großen Minderheiten besteht. Niemand kann sie wegdenken. Und wer sie
angreift, greift unsere zivile Zukunft an.

Darum einige Überlegungen des Autors zum Modebe-
griff der achtziger Jahre, die keinen Anspruch auf wissenschaftliche Erkundung des Themas erheben: *Identität*. Der Ärger über die Karriere eines Begriffes, der
selbst noch zur Radikalisierung des Minderheitenpro-
blems beiträgt, hat diese assoziativen Überlegungen stärker bestimmt als die Beschäftigung mit der Entwicklung
der Soziologie in den letzten Jahrzehnten.
  Identität. Kaum ein Wort ist gedankenloser verallge-
meinert worden als dieser Begriff aus der Mathematik.
Als der moderne Mensch sehr kompliziert wurde, nahmen einige Psychologen ein Wort aus der Philosophie
und der Rechenkunst: Eine Sache ist mit sich selbst
gleich, eben identisch. (Erst der große amerikanische
Psychologe E.H. Eriksson hat die Erweiterung des ma-
thematischen Begriffs in die individualpsychologische
Dimension vorangetrieben: Identität und Lebenszyklus,
1966.) Als allgemeine Verunsicherung um sich griff über
den modernen Menschen, wurde dieses Wort auch Kollektiven aufgestülpt: Plötzlich – das ist noch nicht all-
zulange her – gab es die Frage nach der »nationalen
Identität der Deutschen«. Weder der Kaiser noch Bis-
marck, auch Hitler nicht, hatten dieses Wort für den
Nationalstaat zur Verfügung – was letzteren nicht daran hinderte, Abstammungsfragen zum Angelpunkt seiner totalitären Ideologie zu machen. Es ist schon kurios,
daß jenem mathematisch so kompakten Begriff, der sich
aus der Geschichte der Identitätslehre von Spinoza über

Schelling für das Leib-Seele-Problem des Individuums anbot, in wenigen Jahren der problematische Siegeszug in die Dimension des Kollektivs, des Volkes, der Minderheiten, ja der ganzen Nation gelang. In knapp zwei Jahrzehnten ist nahezu ohne kritische Diskussion ein Wort, das 1887 noch für begriffliche und mathematische »Einerleiheit« stand (*Meyers Konversationslexikon* 1887) aufgestiegen zum Deutungsmerkmal aller Groß- und Kleinkollektive der Moderne. Das mögen wir bei der »corporate identity« der Firmen noch belächeln (wir wissen, daß ihre Manager bei Firmenwechsel in wenigen Stunden für die neue Marke kämpfen), bei der Definition der Zugehörigkeit des modernen Bürgers zu Minderheiten und zur modernen Nation ist dieser mathematische Begriff schon sehr viel problematischer. Mir ist eine wissenschaftliche Beschreibung dieses Siegeszuges nicht bekannt.[33] Gerhard Schmidtchen hat eine zunächst unproblematische Definition angeboten, die aber die Verselbständigung des Begriffes als Instrument für kollektive Zwänge außer acht läßt: »Die politische Identität ist das Ergebnis eines Prozesses der Selbstzuschreibung vergangener politischer Erlebnisse und Verhaltensweisen, gewissermaßen die Summe des Gedächtnismaterials des eigenen politischen Verhaltens. Darin liegt die prinzipielle Änderungsmöglichkeit begründet, aber auch die kurz- und mittelfristig relativ hohe Stabilität.«[34] Ich bleibe skeptisch, ob dieser Begriff die vielfältigen Rollen und Zugehörigkeiten des modernen Menschen trifft und ob er hilfreich ist für die Definition von Minderheiten und ihren Schutzbedürfnissen.

Wie oft und wie rasch wechseln wir unsere Gruppenbindungen, aus denen sich die kollektiven Klischees

---

33 vgl. Die Identität der Deutschen, hg. von Werner Weidenfeld, München 1983, insbesondere die Einführung des Herausgebers, die kurz auf die Begriffsgeschichte eingeht, S. 18

34 Gerhard Schmidtchen, *Was den Deutschen heilig ist*, München 1979, zitiert bei Weidenfeld, a.a.O., S. 19

über die je anderen Gruppen ergeben. Beginnen wir mit einer Alltagserfahrung: Wir alle gehören zwei einander verfeindeten Stämmen an. Wir kennen die Eigenschaften von Mitgliedern des anderen Stammes ziemlich genau, vor allem seine schwer zu berechnende Gefährlichkeit. Wir haben miteinander Spielregeln entwickelt, und gerade weil wir die Gefahren kennen, die von den anderen ausgehen, beachten wir in aller Regel die Spielregeln sorgfältig, was nicht bedeutet, daß wir uns nicht täglich über die anderen ärgern, wenn sie sich just so verhalten, wie wir es von ihnen immer schon gewußt haben. Paradox ist nun, daß wir recht schnell die Zugehörigkeit wechseln, in wenigen Sekunden gehören wir zu dem anderen Stamm, und entdecken nun all die schlechten Eigenschaften bei den anderen, die vor wenigen Minuten zu uns gehört hatten. Ich spreche von den Autofahrern und den Fußgängern.

Menschen sind Gruppenwesen besonderer Art, sie können sehr vielen Gruppen angehören. Die Moderne verlangt von ihnen eine besonders flexible Gruppenoffenheit. Und natürlich bieten die Gruppen ganz unterschiedliche Formen der Geborgenheit, der Minderung von alltäglichen oder existentiellen Ängsten. (Wie stark die Stabilität von Gruppenbindungen mit den Formen des Wirtschaftens und mit den technischen Geräten zusammenhängt, wurde in einer Studie aus der Schülerschaft des britischen Sozialanthropologen Max Glucksman deutlich, die in den fünfziger Jahren das erste Erwerben eines Fahrrades durch einen afrikanischen Dorfbewohner beobachtet und die Veränderungen, die das eine Fahrrad in der Dorfgemeinschaft bewirkte, untersucht hatte.)

Ich bin Mitglied der politischen Partei SPD, eine besondere Form der Gruppenzugehörigkeit. Sie hat in den wenigen Zeremonien überraschend präzise die Freiheitlichkeit des Dabeiseins formuliert: »Durch langjähriges Mitwirken hast Du dazu beigetragen, die Erfolge der

SPD in ihrem Einsatz für die demokratischen und sozialen Rechte der Bürgerinnen und Bürger zu festigen. Mit Deiner Arbeit hast du beispielhaft die sozialdemokratischen Leitsätze von ›Freiheit, Gerechtigkeit und Solidarität‹ mit Leben erfüllt. Den Menschen zu helfen und der Sache der Sozialdemokratie zu dienen war für Dich immer ein hohes Gut.« Dieser Text findet sich auf einer Urkunde, die an langjährige Mitglieder verliehen und von dem Bundesvorsitzenden unterschrieben wird. Der Text mag pathetisch klingen, aber er bündelt einen wesentlichen Aspekt der humanistischen Aufklärung, er nimmt eine Ortsbestimmung für den Betroffenen vor und ist zugleich Ausdruck der emotionalen Zugehörigkeit zur Gruppe. Aber der Anspruch auf Zugehörigkeit ist stark eingegrenzt auf »beitragen«, »mitwirken«, »mit Leben erfüllen«, »dabei helfen«. Da steht kein Wort von »völligem Einsatz« oder Zugehörigkeit zu einer »Klasse« oder gar »Identität« – die Person bleibt autonom. Die Gruppe anerkennt, daß die Person nur in einer, wenn auch sehr zentralen Rolle bei ihr »*mit*-wirkt«. Auf diese freilassende, nicht-okkupierende Form des Dazugehörens paßt die mathematische Formel von der Identität nicht. Wir alle sind sehr unterschiedliche Mitglieder, oft auch mit sehr unterschiedlichen Überzeugungen, auch Religionen – aber mit einigen grundlegenden gemeinsamen Prinzipien.

Erinnerungsexkurs des Autors.　　Rasch verändern und erweitern sich die Rollenanforderungen nicht nur in der modernen Industriegesellschaft. Sozialer Wandel hieß das traditionsreiche Stichwort der Soziologie, er hat die Anforderungen an viele Rollen des Menschen erhöht. Auch seine Fähigkeiten, sich diesen Rollen zu stellen, auch seine Grenzen, mit dieser Rollenvielfalt klarzukommen.

　　»Social Change«. Ich hatte mich mit Arbeiten der großen »Funktionalisten« Talcott Parson, Gunnar Myrdal, Max Glucksman Anfang der sechziger Jahre vertraut gemacht für meine Frage an die afrikanische Gesellschaft unter dem Druck der Moderne. (Die deutsche Anthropologie hatte sich – nicht erst unter den Nazis – zur Volkskunde verengt.) Gesellschaften sind elastisch, sie verändern sich, um stabil bleiben zu können, unter den veränderten technologischen und industriellen Anforderungen.

Eine kleine Erinnerungsgeschichte – eher eine Anekdote –, die die Elemente des sozialen Wandels verdeutlicht: Während des Studiums hatte ich bei den Shona, dem Mehrheitsvolk des heutigen Zimbabwe, alte Arbeiter besucht, die in den zwanziger Jahren in die Lohnarbeit rekrutiert worden waren. Bei einem Fest etwas abseits von den Hütten tanzten Männer zu den Trommeln. Wie wir sagen würden, in Trance. Ich war der einzige Fremde und war von der Musik und dem Tanz fasziniert. Ich ging sehr nahe an den inneren Kreis. Daß ich ein Störenfried bei einem Tanz war, der zugleich einen religiösen Aspekt hatte, merkte ich erst, als ich umstellt wurde von den jungen Männern und körperlich bedroht. Die Trommler trommelten weiter, aber der Tänzer stand plötzlich vor mir und drohte mir mit den Fäusten. Ich überwand meine Angst durch eine spontane völlig absurde Reaktion, sie hatte nichts mit meinen Erfahrungen zu tun, sie war im ursprünglichen Sinne spontan: Ich nahm zwei Zigaretten und steckte sie dem bedrohlichen Tänzer hinter die Ohren. Jede Überlegung hätte mir sagen müssen, daß dies die Gefahr noch erhöhen würde, mich auch noch in die Kostümierung des Tänzers einzumischen. Der Effekt war unerwartet. Der so mit zwei Zigaretten geschmückte Tänzer fing laut und herzlich an zu lachen. Alle Umstehenden fingen an, sich zu schütteln. Das Absurde hatte die Spannung aufgelöst.

Diese Menschen bildeten an diesem Spätnachmittag

eine Gruppe. Sie waren keineswegs nur »Stammesange-hörige«, sondern sie waren zugleich auch Lohnarbeiter, und Zigaretten spielten eine Rolle. Ihr Leben war kei-neswegs ausschließlich bestimmt von »Stammesbezie-hungen«. Die Fähigkeit des Menschen, sich auf neue Si-tuationen einzustellen, durch sie anders zu werden, oh-ne wichtige Elemente der Gruppenkultur zu verlieren, haben alle Anthropologen immer wieder hervorgeho-ben. (Am Beginn dieser Forschung stand die Schrift des belgischen Anthropologen Arnold van Gennep: Rites de Passage. Rituale hat er untersucht und beschrieben, und die späteren Funktionalisten konnten ihre Fragen an die afrikanische Gesellschaft im sozialen Wandel ent-lang der Befunde van Genneps stellen. Die bedeutende Entdeckung war die Elastizität, mit der afrikanische Ge-meinschaften auf Veränderungen reagierten (schon in der vorindustriellen Zeit), ohne die Grundelemente der familiären Rituale aufzugeben. Aber die zentrale Beob-achtung galt den Ritualen, die beachtet wurden gegen-über Grenzen, Grenzen im Raum: der Schwelle der Hütte, dem Passieren der Grenze zum Nachbarvolk. Grenzen in der Zeit: Geburt, Inition, Tod.)

An diesem Nachmittag hatte uns alle versöhnt und zum gemeinsamen Lachen gebracht meine non-verbale Spontangeste, die wenig mit meiner Person und wenig mit den Tänzern zu tun hatte. Wir fanden uns für einen Moment in der gemeinsamen Gruppe, die über einen gelungenen Scherz lachte, Mitwirkende und Zuschauer zugleich.

Eine denkwürdige Begebenheit schildern Anthropolo-gen, die in den dreißiger Jahren das Volk der Bemba im damaligen Nordrhodesien untersuchten: Die Minenar-beiter der Region – zumeist Bemba – organisierten ei-nen spontanen Streik. Behandlung, Bezahlung und Un-terbringung waren miserabel. Es stellte sich heraus, daß die Organisatoren des Streiks zuvor keinerlei besondere Rollen im »Stamm« gehabt hatten, die mit ihrer Her-

kunft zusammenhing. Es waren spontane Führer, keine
»Häuptlinge«. Es wurde vermutet, daß der lange Streik
insofern einen Modernisierungsschub darstellen würde,
als nach Beendigung diese neuen modernen Führer, die
so sehr viel mutiger mit den weißen Managern umgehen
konnten als die alten Stammesautoritäten, fortan Füh-
rungsrollen behalten würden. Genau dies geschah nicht.
Nach Ende des Konflikts und seiner besonderen Aus-
nahmesituation hatten wieder die Alten das Sagen.

Rollenwechsel und wechselnde Gruppenbindungen
sind also keineswegs nur Merkmale der europäisch-amerikanischen Industriegesellschaft. Um wieviel stärker
prägten beides aber die »globalisierten« Kommunika-
tionsmenschen unserer Gegenwart.

»Die Bedürfnisse der Fremden« hat der in England le-
bende kanadische Schriftsteller Michael Ignatieff die
veränderte Lage unserer verschiedenen Gruppenbindungen in der Moderne des 20. Jahrhunderts genannt. Er ist
auch einer der ersten, der auf das Aufbrechen des Begriffs von »Gesellschaft« unter Bedingungen der Globalität aufmerksam macht: »Modernität verändert den Ort
der Zugehörigkeit, unsere Sprache der Bindungen hinkt
mißtrauisch hinterher und bezweifelt, daß unsere
Bedürfnisse jemals größere Gegenstände haben könnten.«[35]

Zivilität unter Bedingungen der globalisierten Moderne
heißt nicht nur, die anderen als Mitglied einer anderen
Gruppe anzuerkennen, sondern vor allem, die unterschiedlichen und wechselnden Rollen der Menschen bei
sich selbst auszuhalten und bei anderen zu akzeptieren.
Das könnte die wirkliche Herausforderung an die Zivilität der Gesellschaft der neunziger Jahre sein. Sie wird

35 Michael Ignatieff, *The needs of strangers,* London 1982, inzwischen
liegt der Essay übersetzt vor unter verändertem Titel: *Wovon lebt der
Mensch,* Berlin 1993, S. 151

vom statischen Konzept der multikulturellen Gesellschaft nicht erfaßt.

Nicht nur die Rechtsextremisten mit ihrem uralten Terrorsignal: »Verschwindet, ihr Fremden« tun sich schwer mit den Existenzformen der Globalität. Ablehnung und Feindseligkeit gibt es schon bei sehr einfachen alltäglichen Lebensrollen, wie die als Konsument oder als Verkehrsteilnehmer. Ein Beispiel aus Deutschland: Die Korrespondentin einer großen amerikanischen Zeitschrift lebte eine Zeitlang in Bonn. In einem bestimmten Lebensmittelgeschäft wurde sie nie als Käuferin angesehen oder angesprochen, sondern als »dumme Ausländerin aus dem Süden« – mit Du und unwirsch. Weder von dem Verkäufer noch von dem Kollektiv der anderen Käufer fühlte sie sich als Mitglied der Gruppe der Konsumenten akzeptiert. Irgendwann wurde es ihr zu dumm. Sie schrieb einen Brief mit dem Briefkopf des New Yorker Weltmagazin an die Holding-Zentrale dieser Handelskette. Dieses Spitzenmanagement schrieb dann einen ergebenen Entschuldigungsbrief direkt an die Zentrale in New York. Die Betroffene ist dort inzwischen leitende Redakteurin. Auf der Ebene der wirklichen Begegnung war der Dunkelhaarigen die Rolle als Konsumentin verweigert worden, erst auf der Ebene der abstrakten Briefkopfbegegnung wurden Anstand, Respekt und Rollenakzeptanz wieder hergestellt. Es gibt nicht nur eine Form der gelebten Zivilität.

Die Abwehr gegen die Vielfalt der Rollen ist logisch und gefährlich zugleich: Die politische Reduktion auf nur ein Charakteristikum der anderen, als Freund, als Feind. Wer sich entziehen möchte, weil er sich dazwischen fühlt, wird eher als Verräter geächtet denn als Vermittler geachtet. Auch der Minderheiten-Nationalismus droht wie der Staats-Nationalismus mit der zwanghaften Reduktion der Mitmenschen auf nur eine einzige Rolle. Und genau dies wäre der Tod der modernen Person. (In der Werbung wird die Einübung in diese Rollenreduktion jetzt auch auf die Kinder angewandt. Die eine Rolle: Eine bestimmte Jacke zu tragen. Sonst nichts. Der Arbeitsplatz, die Liebe, die Krankheit, der erlernte oder ersehnte Beruf, alles unwichtig bis zum Verschwindenlassen, die eine Rolle zählt, bis zur Gewaltanwendung.)

Diese Rollenreduktion hat viele Gründe und eine gefährliche Folge: Sie reduziert nicht nur die komplizierte Herkunft, sondern gefährdet auch die komplexen Rollenanforderungen an den urbanen Menschen. Der große Vorlauf zu dieser Rollenreduktion war der Antisemitismus der modernen deutschen Geschichte: Die Assimilation der Juden in Europa war ja, soziologisch gesprochen, das Aufgehen von Menschen jüdischen Glaubens in einer ganzen Reihe von Rollen der modernen, zumeist städtischen Gesellschaft. Eine davon mochte die Mitgliedschaft in der jüdischen Gemeinde und der Besuch der Synagoge sein. Viele aber lösten sich auch aus dieser Bindung, sie wurden in der Assimilation ja nicht nur Deutsche oder Österreicher, Wiener oder Hamburger, sondern sie wurden Hamburger Facharbeiter oder Hamburger Polizisten (die jüdische Facharbeiterfamilie Kohn in meinem Wahlkreis Barmbek) oder Bankier. Sie wurden aber nicht nur Hamburger Facharbeiter, sondern zugleich deutsche Sozialdemokraten, oder deutsche Konservative, oder Liberale. Der Antisemitismus versuchte die Moderne wieder aufzuheben: Der Arzt Levy sei nur ein verkappter Arzt, in Wahrheit war er Jude.

Der Antisemitismus macht aus Religions- und Kulturbindungen rassistische Zugehörigkeit. Der alltägliche Rassismus braucht nicht einmal solche Gruppennachspürungen: Ihm geht es um die öffentliche propagandistische Reduktion des modernen Menschen. Solcher Rassismus kann überall ansetzen und braucht am wenigsten das, was ideologische Rassisten die »Rasse« nennen.

Der Rassismus der Rechtsextremisten ist nicht die einzige Quelle für diese Gefährdung, es ist auch das Abstammungsdenken im deutschen Staatsbürgerrecht, mit Folgen für unser tägliches Leben: Es gibt Deutsche mit dunkler Hautfarbe – das Leben der Deutschen in den vergangenen vierzig Jahren hat tausendfach zu farbigen Deutschen geführt: die Begegnung mit amerikanischen oder französischen Soldaten, die Liebe zu afrikanischen oder amerikanischen Akademikern, der Aufenthalt junger Kaufleute (Frauen wie Männer) irgendwo in Übersee, die Adoption von Kindern aus armen Ländern. Gott sei Dank gibt es keine Statistik, sie wäre rassistisch.

Aber diese Deutschen sind es bitter leid, bei jeder Begegnung mit anderen Auskunft über ihr Zustandekommen abliefern zu müssen.

All diese Näherungen an die Aufgabe, Kulturen des Zusammenlebens sehr unterscheidbarer Menschen zu entwickeln und zu schützen, ließen sich in drei Fragen bündeln:

– Welche Bedeutung hat das staatsbürgerlich garantierte Recht des Individuums gegenüber der jeweiligen (religiösen, kulturellen) Gruppe? Welche Chancen haben einzelne, sich von der Gruppe zu lösen, ohne Repressalien ausgesetzt zu sein?
– Wie werden diejenigen gesehen, die buchstäblich »zwischen« den Gruppen, physisch, seelisch und beruflich, stehen, also diejenigen, die der Rassismus »Mischlinge« nennt?
– Wie gehen vielrassische, vielkulturelle, vielreligiöse Gesellschaften mit der facettenreichen Geschichte um?

Nicht nur »die Ausländer« wachsen in die Vielrollendimension der neuen Globalität hinein. Wir alle, die wir »zu Hause« leben, sind Betroffene. In meinem Wahlkreis in Hamburg gibt es kaum reiche Leute. Soziologen würden sagen: untere Mittelschicht und Unterschicht. Viele Hamburger mit unterschiedlicher Herkunft, aber vergleichbaren Lebenserfahrungen. Manche sind in Barmbek geboren, manche ältere in Ostpreußen oder Schlesien, die meisten Hamburger haben mecklenburger und schleswig-holsteiner Urgroß- oder Großeltern. Inzwischen haben manche türkische Eltern, andere einen deutschen und einen serbischen Elternteil. Bei Begegnungen in den Altersheimen frage ich manchmal, wer Kinder in anderen Ländern hat. Manche melden sich. Eine ältere ehemalige Zeitungsverkäuferin hat Tochter und Enkelkinder in Australien. Dorthin fährt sie, solange es geht, mindestens jedes zweite Jahr. Mit einem Teil ihrer Lebensneugierde verfolgt sie das Leben ihrer Enkelkinder in Australien. Was dort passiert, ist für sie wichtig. Nicht so wichtig wie das, was in Hamburg passiert, aber wichtig. Sie kann es verfolgen über die Briefe und gelegentliche Telefonate. Wenn sie in Hamburg bleibt, dann kommt die Tochter nach Deutschland und erzählt von ihrem Leben in Australien. Viele Hamburger haben Verwandte in den USA.

Früher wäre der Kontakt bald abgebrochen. Heute erlauben Fernsehen, Telefon und Flugzeug eine dauerhaftere Bindung. Die meisten Alten in den Altersheimen haben ihre Kinder natürlich in Hamburg.

Ein Hamburger Freund ist Schweizer gewesen, jetzt ist er seit dreißig Jahren Professor an einer Kunstschule. Ihm wird es mit den vielfältigen Interessen und Bindungen ähnlich gehen wie mir. Sein Interesse an der Schweiz ist verblaßt, aber immer noch da. Neuerdings verfolgt er Ereignisse in Italien – dort hat er Enkelkinder, seine Tochter hat dorthin geheiratet. Seit dreißig Jahren habe ich einen türkischen Freund in Hamburg, er ist Elektriker. Sein Vater war Instrumentenbauer. Dieser Freund war Anfang der sechziger Jahre mein Schüler an der neuen Deutsch-Schule für Gastarbeiter. Er lebt in Hamburg, ist Mitglied eines Kleingartenvereins und ist immer über die drei technischen Kommunikationsmittel mit der Heimat verbunden geblieben. Er besucht regelmäßig seine Verwandten in der Türkei, interessiert sich aber selbstverständlich stärker für die Politik in Hamburg als in der Türkei. Er ist Hamburger geworden. Türkischer Hamburger, aber Türke geblieben, deutscher Türke. Muß die Frage, wo gehört er hin?, heute nicht anders gestellt werden als vor dreißig Jahren? Muß ihm »Identität« abverlangt werden, wo er sich eingerichtet hat in einer Welt der Arbeit, der Familie, der Musik, der Freunde, der zwei Sprachen, der Anforderungen der Schule seiner Tochter (in einer Hamburger Gesamtschule), der Sorgen seines alten Vaters (in der Nähe Istanbuls)?

Der polnische Schriftsteller Rudzard Kapuczinsky hat nach einem Aufenthalt in Los Angeles diese Entwicklung als »Collagen-Gesellschaft« bezeichnet. Dort in Los Angeles war beobachtet worden, daß die amerikanischen Koreaner über das Fernsehen an der Olympiade in der koreanischen Hauptstadt intensiv teilnahmen, Abend für Abend. Als die Olympiade vier Jahre später in Los Angeles stattfand, interessierten sich die koreanischen Amerikaner kaum. Aber sie sind in vielen anderen Rollen ihres Lebens Amerikaner geworden und werden es bleiben.

Ich ziehe für diese neue Wirklichkeit ein anderes Bild aus der amerikanischen Tradition vor: die Patchwork-Gesellschaft. Patchwork sind handgearbeitete Decken aus zwei Schichten. Als Oberfläche wird eine Fülle von sehr unterschiedlichen Stoffresten oder neuen bunten Stoffflicken zu einem schönen Muster zusammengenäht. Das kann aber nur zusammenhalten, wenn von unten ein einheitliches festes Gewebe gegengenäht wird. Wenn also so vielfältige Gruppen, die ihrerseits so verschiedene Mitglieder haben, zusammenleben, dann geht dies nur, wenn alle zugleich fest eingewoben sind in die Wertordnung des demokratischen Staates, der offenen Gesellschaft. Was oben Leuchtkraft des Eigenen hat, muß unten fest verankert bleiben in gemeinsamen Werten. Die

Person, die Gruppen und der demokratische Rechtsstaat, sie stehen in einem Spannungsdreieck: Zivilität ist
die Kraft, die zusammenhält, Gewalt der Zündstoff, der
sprengt.

Aussicht

»Tatsächlich aber werden das Bedürfnis
nach Neuem und die Möglichkeit des Neu-
en von der Erhaltung des valorisierten historischen Gedächtnisses bestimmt.«

Boris Groys

Gorbatschow war an seine säkulare Notbremsung ohne
Projekt gegangen. Er wollte das, was war, reformieren,
um den Anschluß nicht zu verpassen. Was war, ist nicht
reformiert, es ist fortgespült worden. Aber auch die Projekte der Oppositionellen, der Solidarnosc oder der
Charta 77 in Prag, sind nicht voll verwirklicht worden.
Ist das Projekt Zivilität lebensfähig, um der westlichen
Demokratie das Überleben gegen den Terror zu ermöglichen?

Aussichten? Sie sind schlecht, sagen die Wirtschaftsin-
stitute, sie sind miserabel, empfinden die Bürger, sie sind
mörderisch, sagt Hans Magnus Enzensberger: Wir
blicken auf den Bürgerkrieg.

Krieg? Selektiv habe ich im vorliegenden Text versucht, mein eigenes Seelenarchiv durchzusehen, als Politiker, als Deutscher, als Endfünfziger. Ich finde in den
Krisen der neunziger Jahre Probleme, mit denen ich
mich in meiner Kindheit und Jugend befaßt hatte, stär-

ker präsent, als mir lieb ist. Aber sie sind Wetterzeichen der unvermeidlichen *Bürgerkrisen* auf dem Weg in die Globalität, nicht an jeder Ecke, Warnschüsse des Großen *Bürgerkrieges*.

Auch der Krise meines Berufes. Ich bin erschrocken über die leichte Irritierbarkeit der politischen Kultur. Daß Politiker vor den Gewerkschaftssekretären auf der untersten Stufe der Beliebtheitsskala von Berufen stehen, daß mehrere Attentate auf Politiker und alltägliche Morddrohungen als normales Berufsrisiko weggelächelt werden. Oft lähmt unsere flinke Fähigkeit zur Gegenrechnung die Auseinandersetzung mit der Kritik. Wer sich allzu lange aufhält an den Fehlern der Kritiker, springt von der Diskussion über ein wirkliches Problem in die Frage nach der individuellen Glaubwürdigkeit des Kritikers.

Glaubwürdigkeit ist zuerst die Frage nach dem Dialog mit sich selbst. Ein Kampf-Disput zwischen zwei Personen über Glaubwürdigkeit wird immer mit dem Sieg des Schlaueren enden. Der Klügere wird irgendwann verstummen und sich abwenden. Theologische Schlaumeier wären auch noch in der Lage, Mutter Theresa Brüche in ihrer Glaubwürdigkeit nachzuweisen. Tut sie dies nicht alles, weil sie wirklich an Gottes Lohn, an die Alimentation im Himmel glaubt? Nein, die Glaubwürdigkeit des politischen Gegners oder des journalistischen Kritikers erschüttern, das mag reichen für das Tagesgeschäft. Für die wirkliche Politik und die Zukunft der Demokratie muß die Kritik geprüft werden, unabhängig von der Glaubwürdigkeit des Kritikers. Die kritische Diskussion über den Zustand des Journalismus in den neunziger Jahren muß von Journalisten, nicht von handelnden Politikern geführt werden. Glaubwürdigkeit bei den Wählern kann niemand von uns erreichen durch die Erschütterung der Glaubwürdigkeit unserer Kritiker. Als wie gerechtfertigt wir sie auch empfinden mögen.

Wo bleiben die Aufbrüche?.   Ist die Verdrußbewegung ein Aufbruch? Und könnten wir uns Aufbrüche noch leisten? Ist der *fatalistische* Protest nicht sehr viel leichter zu verkraften als der von vielen vermißte *utopische*? (Das nationalistische Modell der Rechtsextremen ist Abbruch, kein Aufbruch. Es signalisiert Gewalt und Terror, es provoziert die Angstträume der deutschen Vergangenheit. Wer ihnen nachrennt, ordnet alle konkreten Inhalte dem letztlich rassistisch verstandenen national-völkischen Interesse unter.)

Muß nicht im Hurrikan des Wandels Ballast über Bord geworfen, müssen die Schotten nicht dicht gemacht werden? Müssen, um aus dem maritimen Bild in das militärische eines Liberal-Konservativen zu springen, jetzt nicht »die Flanken gesichert werden«? (J. Fest) Können wir uns die zornige, womöglich utopische Öffnung der »Flanken« leisten, jetzt, wo Ernstzeit angebrochen ist?

Mir leuchtet sehr ein, daß jetzt nicht die Zeit des großen utopischen Faltenwurfes ist, sondern des Überprüfens. Aber der Absage an den utopischen Gedanken, der Hoffnung retten will, muß ich widersprechen. Nicht so kokett wie Günter Nenning in der *ZEIT* zum Jahreswechsel 93/94, der die rechte mit der linken Utopie auf dem Lotterbrett des Intellektuellenschreibtisches versöhnen wollte, aber ohne das Projekt Hoffnung – zerkratzt und zerbeult, wie wir es jetzt vorfinden – wäre auch der status quo nicht zu halten, den ernsthaft besorgte Konservative reklamieren.

Deutschland ist von keinem der großen, auch gewaltbeschwerten Konflikte ausgenommen: Der rassistische Nationalismus wie die strukturelle Arbeitslosigkeit werden unser Leben in den nächsten Jahrzehnten bestimmen. Die Krise des Parlamentarismus scheint in Deutschland schwächer als in Italien, aber sie ist tiefgreifend und zeugt von einer tiefen Veränderung der demokratischen Gesellschaft. Einwanderung wird es weiter geben und zugleich die innere Bindung großer Einwanderer-Gruppen an die Konflikte in ihrer Heimat.

Die Gesellschaft der Deutschen hat sich verändert, nicht einfach »modernisiert«, wie Ulrich Beck richtig herausstellt. Sie ist dabei, sich zu globalisieren. Das verändert sie auf allen Ebenen, betroffen sind die Individuen, die Gruppen, wie die aus der Ökonomie herausgeschleuderten Arbeits- und Obdachlosen. Gegenmoderne Tendenzen überraschen die selbstsicheren Modernen. Sprache und Begriffe, das alles zu beschreiben, werden aus der Vergangenheit entlehnt. Gleichzeitigkeit der Ungleichzeitigkeiten. Ist da der Gedanke an utopische Energie noch sinnvoll, noch zulässig? Bleibt Zivilität das gemeinsame Ziel oder nur ein privatistischer idyllischer Traum?

Zivilität.   Hamburg hat einen Stadtpark, eine große künstliche Grünanlage zwischen den verschiedenen Stadtteilen – feineren im Westen und Norden, ärmeren im Osten: Barmbek. Ist das Wetter gut, werden die großen Wiesen zum Spielen genutzt: Ohne Wärter, ohne Polizei spielen dort junge Frauen Handball, junge Männer Baseball, viele haben amerikanische College-Hemden an. Gleich daneben gemischte türkisch-deutsche Fußballteams und Volleyballer. Am Rande der Wiesen lagern Picknickgruppen: Deutsche, Türken, Italiener, Leute vom Balkan.

Spaziergänger umwandern das friedliche Bild: Moderne Zivilisation in Deutschland. Verschiedene Ballspiele, verschiedene Spielgruppen. Jeden Sommer bis in den Herbst. Realität und Vision der zivilen Gesellschaft. Es gibt wenige Spielregeln. Es gibt selten Streit um die Wiese – sie ist sehr groß. Es gibt keine Wärter und keine Polizisten. Die Anwesenden eint dreierlei:
– Sie wollen einen öffentlichen Platz auch für sich nutzen,

- sie wollen ihre persönlichen Freunde und Familienmitglieder treffen,
- sie wollen möglichst am nächsten Wochenende wieder zusammenkommen können.

Um diese drei Ziele zu erreichen, müssen sie sich zivil verhalten. Sie spielen Spiele nach Regeln. Zugleich beachten sie von Gruppe zu Gruppe bestimmte Regeln, die niemand vorgeschrieben hat, die aber zweckmäßig sind. Da es keine anderen Großwiesen in so zentraler Lage in Hamburg gibt, hat es keinen Sinn, daß eine Gruppe die anderen durch Gewaltandrohung vertreibt. Das würde nur die vorhandene, aber nicht in Erscheinung tretende Polizei auf den Plan rufen. Die Parkverwaltung weiß, wie häufig Einzeltäter, die nicht in die Spielgruppen eingebunden sind, spätabends und nachts die Hecken zerstören, Bänke zerbrechen, Bäume fällen.[36]

Gegenbild: Im Stadtteil St. Pauli gibt es Spielplätze, die nicht mehr von den Kindern benutzt werden können, Jugendliche aus der Drogenszene haben sich der Plätze bemächtigt. Sie haben die Kinder und deren Mütter vertrieben. Angst vor dem Auftreten der Polizei haben sie nicht, die Polizei kann nicht immer da sein, also könnten sie sich kurz nach Räumung des Platzes wieder bemächtigen. Sie haben kein ziviles Interesse an der gemeinsamen Nutzung, dafür sind die Plätze zu klein, und dafür ist das Drogenmilieu wenig geeignet: Es ruft nach Hilfe für die tödlich gefährdeten Jugendlichen, aber es schafft aus sich heraus keine Kultur des öffentlichen Nebeneinanders.

Beide Plätze sind Sinnbilder der modernen urbanen deutschen Gesellschaft: Offen und darum gefährdet. Offen und darum stabil.

36 Martin Rosen, Präsident der US-amerikanischen Stiftung Public Fund, hat in einer Studie die Wechselwirkung zwischen öffentlichen, nutzbaren Grünflächen und Minderung der Verbrechenshäufigkeit für die USA nachgewiesen. (Robert Davis, Parks recreation a key in Crime fight, in US Today, 10.6.1994)

Das Hoffnungsprojekt Zivilität hat eine sehr pragmatische Seite. Darin liegt seine Chance. Um ein bestimmtes Ziel zu erreichen, ist es zweckmäßig, sich nach Regeln zu verhalten. Glaubwürdig für diese Regeln kämpfen, ihre Anforderungen und ihren Ertrag, das ist die Aufgabe.

Hartmut von Hentig hat eine sehr pragmatische Vision der Schule der Zukunft vorgestellt, an deren Ende er sich mit den drei Aspekten der Civilitas befaßt, der Verantwortung, der Verständigung und dem Vertrauen. In seinen Schlußbemerkungen leitet er zu einer allgemeinen gesellschaftlichen Besinnung auf diese zivile Trinität über und erinnert an die verschiedenen Bindungsebenen, in denen sich Zivilität historisch entwickelt hat: die Familie, den Zweckverband sowie die Vertrags-, Friedens- und Rechtsgemeinschaft: »Die civitas ist einerseits konservativ und andererseits in der sich wandelnden Wirklichkeit auf intelligente Auslegung ihrer gleichbleibenden Mittel angewiesen; sie stürzte sonst von einer Revolution in die nächste... Man erkennt unschwer, daß die civitas den Menschen eine hohe Zumutung macht.«[37]

Ich war als Kind »dazwischen« geraten, gefährdet durch die totalitäre Abstammungsdiktatur. Die Zivilität meiner Lehrer an der Waldorfschule, der sich meine Mutter nahe fühlte, die historisch fast einmalige Chance, nach solchem Krieg in den gemeinsamen Wiederaufbau hineinzuwachsen, haben mich geprägt.

Wir wurden Glückskinder, wir hatten alle Chancen, wenig Risiken, viele Rechte, wenig Pflichten. Eine Pflicht bleibt: Zivilität verteidigen, gegen den Zynismus, gegen die Mitleidlosigkeit, gegen die Gewalt.

Zivilität hat in Deutschland – im Vergleich zu vielen ärmeren Ländern – große Chancen. Die Bundesrepublik hat einen eigenen Zivilitätskonsens entwickelt. Die

---

37 Hartmut von Hentig, Die Schule neu Denken, 1993, S. 258 f.

soziale und politische Wirklichkeit konnte Erfahrungen vermitteln, die diesen Konsens als sinnvoll und nützlich erlebbar machten.

Dazu haben die politischen Parteien, die vielgliedrig organisierten Formen funktionaler und bürgerschaftlicher Zusammenschlüsse, haben Arbeitnehmer und Arbeitgeber beigetragen. Verfassungspatriotismus, wie ihn Dolf Sternberger und Jürgen Habermas einforderten, war Realität. Wo die Verfassungswirklichkeit es nicht schaffte, wo Selbstblockaden des Staates, der Politik, der Kultur und der Wirtschaft entstanden waren, sprengten die außerparlamentarischen Bewegungen die Blockade wieder auf. Jetzt sind alle Organisationen von der Selbstblockade des neuen Fatalismus gegenüber den globalen Einbrüchen erfaßt.

Es geht nicht um den einen großen, es geht um die tausend kleinen Aufbrüche. Idealistischer Zweck-Optimismus? Ja, natürlich. Was ist humane Utopie je anderes gewesen?